한경 TREND

한경 TREND는 빠르게 변화하는 사외 흐름에 발맞춰 시시각각 현상을 분석하고 새로운 대안과 인사이트를 제시하기위한 무크형태 단행본을 발행하는 한국경제신문사의 새 브랜드 입니다.

MZ REPORT

SERIES 3.

COFFEE LOG

우리가 사랑한 커피
Cafe In The City

prologue

일상을 채우는 커피

by 김보라 한국경제신문 기자

어느 날 아주 낯선 도시에 도착했다고 생각해보자. 그 나라 사람들의 일상을 가장 가까이에서 엿볼 수 있는 공간은 바로 카페다. 사람들이 어떤 모습으로 평범한 하루를 시작하고, 주로 어떤 이야기를 나누는지, 주말엔 어떤 모양으로 시간을 보내는지 단숨에 알 수 있다.

어떤 커피를 마시는지를 세심하게 관찰하면 더 많은 것을 상상할 수 있다. 에스프레소를 빠르게 마시고 나가는 사람들이 많다면 그만큼 바쁘고 역동적인 도시일 테고, 핸드 드립 커피를 주문해 느긋하게 시간을 보내는 사람들이 많다면 시간에 쫓기지 않는 예술가나 학생들이 많은 도시일 수 있다. 만약 달콤하고 시원한 커피를 많이 마시는 사람들이 눈에 띈다면? 아마도 무더위에 지쳤거나 스트레스가 많은 동네일 수도 있겠다. 그렇게 커피엔 도시가 담긴다.

커피는 이제 일종의 '패션 코드'다. 기호와 취향을 드러내는 하나의 도구가 됐다. 어떤 지역 혹은 어떤 품종의 커피를 즐겨 마신다고 말할 수 있는 사람, (남들은 잘 모르는) 나만의 단골 카페가 있는 사람은 어쩌면 자기만의 섬세하고 뚜렷한 라이프스타일을 갖고 있는 사람이라는 말과 뜻이 통한다. 그런 점에서 그날그날 마시는 커피는 나를 담아내는 성실한 기록이다. 그렇게 커피엔 하루가 담긴다. 빨갛게 익은 커피체리 속 생두가 한 잔에 담기기까지. 농부에서 커퍼, 로스터, 바리스타까지 많은 사람의 손을 거친다. '커피 벨트' 어딘가에서 수확된 그 작은 한 알이 어떻게 내 눈앞 커피 한 잔으로 옮겨 온 건지 생각해보는 것만으로도 수많은 이야기들이 피어난다. 커피 한 잔을 두고 나누는 대화도 그렇다. 좀처럼 꺼내기 어려웠던 말도, 마음속에 갇혀 있던 단어들도 커피를 앞에 두곤 상대와의 장벽을 어느 정도 허물 수 있는 힘이 생긴다. 스스로에게 건네는 위로일 때도 많다. 잠시 느슨해졌던 몸과 마음을 깨우는 알람과도 같은 커피는 그렇게 전 세계 1000억 달러 이상의 가치를 지닌 산업으로 자라났다. 이 모든 과정에서 커피엔 세상의 이야기가 담긴다.

멋진 카페를 찾아다니는 여정은 그렇게 시작된다. 많은 사람들이 커피를 단순한 '마실 것' 이상으로 생각하고, 더 많은 사람들이 카페를 '마시는 곳' 이상으로 여기면서 말이다. 사람들은 오늘도 카페 한 곳을 가기 위해 기차를 타고, 다른 문화를 이해하기 위해 낯선 도시의 카페 거리를 찾아 그곳의 대표 커피를 마신다.

여행지에서 만나는 카페는 우리가 그곳에 조금 더 오래 머물 수 있게 한다. 우리나라 곳곳에 자리한 수많은 카페들이 손짓한다. 경주 황리단길엔 천년의 세월을 품은 고분처럼 커피 한 잔을 정성껏 내리는 카페들이 있다. 울산엔 조용한 주택가 달동에 30여 곳의 멋진 카페들이 낡은 간판 사이로 숨어 있다. 청주는 지역 주민 사이에서 "청주의 특산품은 카페다"라는 말이 생길 정도로 성안길 일대에 최근 트렌디한 카페들이 자리를 잡았다. 순천만 습지로 잘 알려진 평온한 도시 순천엔 늘 붐비는 카페 거리 '옥리단길'이 있다. 옥천 주변 골목과 옥천 건너편까지 갤러리와 문화 공간을 품은 카페들이 늘어섰다. 역사적 거리를 걸으며 커피를 마시는 카페 투어가 사람들을 1년 내내 끌어모은다. 대구엔 조용한 주택가이던 신천동에 개성 있는 카페들이 들어섰다. 동대구역에서 기차와 버스를 기다리는 사람들의 발길을 잡아끈다.

외국의 도시를 여행할 때도 그렇다. 그 도시의 커피 문화와 카페의 역사, 현재 커피 신을 주도하는 브랜드를 알고 떠난다면 여행의 결이 달라진다. 보이지 않던 것이 보이는 놀라운 일들도 생겨난다. 독일의 수도 베를린엔 세계 각국에서 온 바리스타와 실험 정신으로 뭉친 카페 주인들로 가득하다. '차의 왕국'이던 영국은 스페셜티 커피업계에서 세계의 중심으로 떠올랐다. 2008년 유럽 금융위기 이후 런던의 카페 붐은 경제위기로 일자리를 잃은 사람들이 '사무실의 대체 공간'으로 카페를 활용하면서 새로운 생각과 경제의 활력을 되찾는 중심축이 되기도 했다. '블루보틀'로 대표되는 샌프란시스코는 포배럴, 사이트 글라스, 레킹볼, 커피 무브먼트 등 개성 넘치고 수준 높은 카페를 보유한, 세계적인 스페셜티 커피의 도시이자 커피 마니아들의 천국이 됐다.

외래어는 외래어표기법을 따랐습니다.
튀르키예는 터키로 표기했습니다.

CONTENTS

prologue — 004
opening — 008

Scene 01.
공간, 사람, 브랜드

LONDON 다양성을 포용하다 — 020
SAN FRANCISCO 농밀한 커피의 향연 — 030
BERLIN 베를린장벽에 '커피'라는 꽃이 피었다 — 040
interview 센터 커피 — 050
interview 보난자 커피 — 058

Scene 02.
커피 상식

커피 개론 — 068
국내 트렌드 — 080
세계 트렌드 — 088

Scene 03.
커피 여행

coffee road 국내 커피 여행 — 108
경주, 광주, 대구, 부산, 수원, 순천, 울산, 인천, 청주, 평택

Scene 04.
취향, 트렌드

column 다이내믹한 한국의 커피 문화 — 130
column 내일도 커피를 마시고 싶은 우리에게 — 132
recipe 이탈리아 커피를 집에서 만나는 시간 — 134

index 커피 용어 사전 — 157
판권 — 159

at Caravan

at Prufrock coffee

at Prufrock coffee

at Rosslyn

at Sightglass

SCENE 1

018–065

1000여 가지 향미를 가진 커피처럼, 이를 소비하는 문화도 다양해지고 있다. 도시마다 커피 문화와 역사, 커피 신을 주도하는 브랜드의 모습도 다르다. 스페셜티 커피업계를 주도하고 있는 개성 넘치는 도시와 스페셜티 카페를 찾아서.

travelogue - LONDON

월드 바리스타 챔피언 귈림 데이비스의 카페 '프루프록'은 런던 스페셜티 커피업계가 성장하는데 기여했다.

다양성을 포용하다

비디오 스타가 탄생하는 순간이었다. 고작해야 몇 장의 기념사진과 기사가 전부였던 대회의 순간이 유튜브에 처음으로 생중계되던 2007년 도쿄 월드 바리스타 챔피언십에서의 일이다. 각 나라를 대표하는 바리스타들의 움직임은 매 순간 긴장감을 자아냈고, 시청자는 선수들이 심사위원 앞에 완성된 커피를 내려놓을 때 짜릿함에 숨을 죽였다.

Writer 조원진

가장 이목이 쏠린 순간은 영국 국가대표 제임스 호프먼(James Hoffmann)의 결선 무대였다. 그는 이례적으로 블렌드 커피가 아닌 코스타리카와 케냐의 커피만으로 각각 에스프레소를 추출했다. 제임스 호프먼의 프레젠테이션은 전 세계에 '싱글 오리진 에스프레소'의 유행을 일으켰다. 혁신적인 재료 사용 이외에도 심사위원과 적극적으로 의사소통에 나서는 모습은 스페셜티 커피가 무엇인지 궁금해하는 사람들에게 진면목을 보여주는 사례가 됐다.

차의 왕국에서 커피의 나라로 영국은 '차의 왕국'이었지 '커피의 나라'가 아니었다. 하지만 제임스 호프먼이 우승 트로피를 들어 올리고 난 이후, 스페셜티 커피업계에서는 영국이 세계의 중심으로 떠올랐다. 바리스타 대회의 우승 외에도 2008년을 전후한 런던의 카페 붐은 영국 커피 산업의 성장을 가져왔다. 경제위기로 장기 고용이 무너진 긱이코노미(Gig Economy) 시대에 이르자 사무실을 떠난 사람들이 카페로 향했기 때문이다. 콘센트와 와이파이, 오래 앉아 있어도 부담스럽지 않은 좌석은 많은 이에게 꼭 필요한 장소였다. 사실 영국의 커피 산업은 꾸준히 성장하고 있었다. 영국 환경식품농무부의 자료에 따르면 2010년대 영국인의 커피 소비량은 40년 전에 비해 세 배 이상 증가했다. 같은 기간 차 소비량은 60% 이상 줄었다. 차가 집에서 즐기는 음료라면, 커피는 밖에서 일어나는 모든 일과 관계했다.
스페셜티 커피로 범위를 좁히면 2008년 제임스 호프먼과 아네트 몰베이어(Anette Moldvaer)가 설립한 '스퀘어마일 커피 로스터스(Square

Mile Coffee Roasters)'의 고군분투가 있었다. 스퀘어마일은 스페셜티 커피를 기반으로 한 교육과 납품에 집중했고, 새로운 물결에 함께하는 커피인들의 네트워크를 구축했다. 2009년 월드 바리스타 챔피언 귈림 데이비스(Gwilym Davies)는 런던의 커피숍 여덟 곳을 방문하면 자신의 카페 '프루프록(Prufrock)'에서 커피 한 잔을 무료로 마실 수 있는 '디스로열티 카드(Disloyalty Card)'를 만들었다. 경쟁보다 화합을 중요시하는 분위기가 형성되자, 업계에서는 시너지 효과가 일어났다. 이를 기반으로 짧은 시간에 두 번이나 세계 챔피언을 배출한 런던은 세계 커피업계에 '브리티시 인베이전(British Invasion)'을 일으켰다.

페니 대학의 탄생에서 에스프레소 혁명까지

영국의 커피하우스는 1650년 처음으로 옥스포드에 문을 열었고, 곧이어 1652년 런던에도 자리를 잡았다. 정치인과 사업가, 학자들은 커피 한 잔에 취해 열띤 토론을 벌였고, 보험 등의 상품을 거래하기도 했다. 한 잔의 커피값만 치르면 대학이 되기도 하고 주식 거래장이 되기도 했다. 영국에서 자본주의가 성장하고 산업혁명이 발생할 수 있었던 것도, 현대적인 정치 시스템이 자리잡은 것도 모두 카페인에 취한 사람들이 만들어낸 성과가 있었기에 가능한 일이었다. 그뿐 아니라 <가디언>과 <스펙테이터>, 소더비 등 현대인에게 친숙한 미디어와 경매 시스템의 탄생도 영국 카페의 부산물이나 다름없다.

1 몬머스 커피 로스터스는 1978년 개업 이래 소규모 농장이나 협동조합 등에서 좋은 품질의 생두를 구입해왔다.
2 '노트 커피 로스터스(Notes Coffee Roasters)'는 카푸치노를 비롯해 우유가 들어가는 커피에 대한 평이 좋다.
3 카페 '카페인(Kaffeine)'은 스퀘어마일의 원두를 사용한다.

1, 2 2008년을 전후한 런던의 카페 붐은 영국 커피 산업의 성장을 가져왔다.

기록에 따르면 1700년경 영국 전역에는 3000여 개의 커피 하우스가 영업을 하고 있었고, 그중 상당수의 카페가 있던 런던은 세계에서 커피를 가장 많이 소비하는 도시가 됐다. 날이 갈수록 늘어나는 커피 소비량을 감당하기 위해 영국은 나폴레옹전쟁을 통해 할양받은 열대기후의 실론(스리랑카의 옛 이름)을 커피의 섬으로 만들었다. 1795년 영국 동인도회사가 통치권을 넘겨받은 이후 실론의 커피 거래량은 지속적으로 증가해 연 1억 파운드를 넘길 정도였다. 당시에는 손에 꼽히는 커피 생산지로 발돋움한 것이다. 실론에 커피의 광합성을 막는 질병인 녹병이 일지만 않았다면, 영국은 조금 더 일찍 커피의 왕국이 될 수 있었다.

런던의 커피 붐은 전쟁이 끝난 1952년에 다시 찾아왔다. 피노 리세르바토(Pino Riservato)의 '모카 커피 바(Moka Coffee Bar)'를 시작으로 시내에는 500개가 넘는 에스프레소 전문점이 줄지어 문을 열었다. '소호의 에스프레소 혁명'이라 불리는 이 흐름 속에, 300년 전 런던에 커피 하우스가 처음 문을 연 그때처럼 새로운 문화가 꿈틀대기 시작했다.

2명의 이란인이 운영한 가게라는 뜻을 가진 '투 아이스 커피 바(2i's Coffee Bar)'가 대표적이다. 그곳은 클리프 리처드(Cliff Richard)와 토미 스틸(Tommy Steele) 등이 라이브 연주를 하며 결국 로큰롤의 탄생을 이끄는 공간이었다. 이 밖에도 수많은 음악가와 시인, 배우, 앞으로의 문화를 이끌 10대들, 서인도 출신의 이민자들이 그곳에서 노래하고 담배를 피우며 런던의 새로운 커피 중흥기를 열었다.

런던이 이끄는 커피 제3의 물결 꽃을 피웠던 에스프레소 혁명은 짧은 시간에 많은 경쟁 업체를 양산하며 한순간에 저물었다. 이후 1980~1990년대에 이르러 대형 카페 체인이 그 자리를 채웠다. 코스타와 프레타망제, 스타벅스는 런던 곳곳을 빠르게 점령해나갔다. 미국과 유럽의 몇몇 국가가 커피 본연의 맛과 향을 강조하는 '커피 제3의 물결'을 일으킬 때에도 런던 사람들은 똑같은 로고가 그려진 잔에 담긴 커피를 들고 도시를 배회했다. 제임스 호프먼이 트로피를 들어올리기 전까지 말이다.

물론 모든 영광이 제임스 호프먼과 스퀘어 마일에만 있지는 않았다. 마치 제3의 물결을 예감이라도 하듯, 1978년 코벤트가든에서 개업한 이래 소규모 농장이나 협동조합 등에서 꾸준히 좋은 품질의 생두를 구입해온 '몬머스 커피 로스터스(Monmouth Coffee Roasters)'는 영국 스페셜티 커피 산업이 빠르게 성장할 수 있는 자양분이 됐다. 월드컵 테이스터스 챔피언으로 스퀘어마일 창업에 함께했던 아네트 몰베어도 제임스 호프먼만큼이나 런던의 스페셜티 커피 네트워크를 확장하는 데 큰 역할을 했다. 노르웨이 출신으로 1999년부터 바리스타 일을 시작한 그녀는 컵 테이스터스 대회

우승 외에도 월드 바리스타 챔피언의 로스팅을 맡는 등 런던 스페셜티 커피업계 성장에 크게 기여했다. 앞서 언급한 카페·프루프록의 디스로열티 카드의 역할도 중요했는데, 스페셜티 커피 붐이 막 일어났을 때의 활기찬 분위기를 보여준다. 지구 반대편 고향을 그리는 '앤티포디언(Antipodean)'이 이끄는 호주-뉴질랜드식 카페 문화도 영국의 스페셜티 커피 산업이 빠르게 성장할 수 있는 기반이 됐다. 2005년 소호에 문을 연 카페 '플랫 화이트(Flat White)'는 말 그대로 런던에 호주와 뉴질랜드에서 탄생한 메뉴인 플랫 화이트를 소개하는 공간이 됐다. 2012년 문을 연 '오존 커피 로스터스(Ozone Coffee Roasters)'는 최근 가장 주목을 받는 앤티포디언 스페셜티 커피점이다. 영국 출신의 세 번째 세계 챔피언 '데일 해리스(Dale Harris)'를 배출한 '해즈빈(Hasbean)'을 인수해 규모를 키운 오존은 식당과 카페의 경계가 모호한 뉴질랜드식 공간으로 런던 커피 애호가들의 입맛을 사로잡았다. '로슬린 커피(Rosslyn Coffee)' 역시 호주 출신의 바리스타와 아일랜드 출신의 바리스타가 함께 각자의 고향을 대표하는 스타일을 조합해 2018년 문을 열었다. 1950년대 에스프레소 혁명의 중심에도 이민자들이 있었듯, 이민자들은 런던 스페셜티 커피의 외연을 넓혔다.

최근에는 다양성을 존중하는 영국의 사회적 분위기에 영향을 받아 보다 폭넓은 범주의 사람들이 런던 커피 신에 함께하고 있다. 2021년부터 전체 커피 구매량의 3분의 1을 여성 커피 생산자로부터 구매하는 '캐러밴 커피 로스터스(Caravan Coffee Roasters)'가 대표적이다. 커피 생산지에서 여성은 사업 네트워크에서 정당한

1 플랫 화이트라는 카페 이름처럼 메뉴 플랫 화이트를 소개하는 공간이 됐다.
2 프루프록의 디스로열티 카드는 커피 업계의 화합을 중요시하는 분위기를 형성했다.
3 몬머스 커피 로스터스는 영국 스페셜티 커피 산업이 빠르게 성장하는 데 자양분이 됐다.

1, 2 최근에는 다양성을 존중하는 영국의 사회적 분위기에 영향을 받아 보다 폭넓은 범주의 사람들이 런던 커피 신에 함께하고 있다.
3 로슬린 커피에서는 호주와 아일랜드 출신 바리스타가 각자 고향을 대표하는 스타일의 커피를 선보인다.

Writer 조원진

필명은 베이루트. 아름다운 커피의 세계로 한 사람이라도 더 끌어들이는 것을 목표로 글을 쓴다. 스페셜티 커피 업계 종사자들의 이야기를 담은 <열아홉 바리스타, 이야기를 로스팅하다>, 커피와 취미를 주제로 쓴 <실용커피서적>, 스페셜티커피의 역사를 다룬 <스페셜티커피, 샌프란시스코에서 성수까지>, 한국의 스페셜티카페와 문화를 소개하는 <Korea Specialty Coffee Guide>를 썼다. 중학교 시절 커피에 빠져들어 지금까지 매일 커피를 마시고 공부하며 커피 이야기를 나누는, 평범한 회사원이다.

대가를 받지 못하는 경우가 많았다. 캐러밴 커피는 여성 생산자의 커피를 구매하면서 1kg당 10펜스의 추가 비용을 지불해 그들이 보다 평등한 환경에서 일을 할 수 있도록 지원하고 있다.

1세대 이민 가정이나 저소득 장애인에게 커피 교육을 제공함으로써, 일선 업계에서 일할 수 있도록 지원하는 '센드 커피(Send Coffee)'의 활동도 주목할 만하다. '큐레이터스(Curators Coffee Studio)', '히든 커피(Hidden Coffee)', '클라니코 클럽(Clarnico Club)' 등 런던의 스페셜티 커피 카페에서는 센드 커피에서 교육받은 바리스타를 채용하거나 이들 로스터의 커피를 사용한다.

지속 가능한 스페셜티 커피 산업의 미래를 위해
영원할 것 같던 런던의 커피 전성시대는 시대의 흐름에 따라 흥망성쇠를 이뤘다. 비슷하게 스페셜티 커피와 함께 다시 꽃을 피운 런던의 커피는 또 다른 위기와 마주하고 있다. 브렉시트와 전염병의 유행에 따른 정치적·경제적 혼란, 러시아의 우크라이나 침공과 인플레이션으로 말미암은 세계 경제 위기 등 산업 전체에 위기감이 고조되고 있기 때문이다. 또 지구온난화 등 환경 파괴로 인한 커피 가격의 지속적인 상승도 영국을 비롯한 커피 소비국이 마주한 문제다. 안개 속에서 런던의 커피 산업은 더 많은 사람과 함께하는 방법을 택했다. 다양한 문화를 존중하고 미래를 함께 그리는 그들의 움직임이 위기를 이겨낼 새로운 파도를 만들어낼지 궁금하다.

travelogue – SAN FRANCISCO

농밀한 커피의 향연

샌프란시스코는 같은 서부 해안의 시애틀과 함께 미국 최고의 커피 산업 도시다. 시애틀의 스타벅스가 커피 산업의 2세대를 발진했다면, 샌프란시스코의 블루보틀과 리추얼은 커피 산업 제3의 물결인 스페셜티 커피에 영향을 미쳤다.

Writer 심재범

세인트 프랭크 커피 로스터리 전경.
이곳은 개성이 강한 스페셜티
커피를 선보인다.

샌프란시스코는 스페인과 멕시코를 거쳐, 1850년에 미국 캘리포니아에 편입됐다. 새너제이, 오클랜드를 포함한 샌프란시스코 광역권의 인구는 900만 명에 이르며, 페이스북·인스타그램·트위터와 같은 다양한 테크기업이 이곳에 모여 있다. 금문교로 알려진 골든게이트브리지, 아름다운 해변 도시 소살리토, 범죄인 수용소 앨커트래즈, 어민들의 피셔맨스 워프, 피어39 등은 샌프란시스코의 관광 명소로 유명하다. 미국 르네상스 형식인 보자르 방식으로 재건축한 타운홀도 빼놓을 수 없다. 1906년 대지진으로 파괴된 샌프란시스코의 타운홀은 펜실베이니아의 구조용 강철과 마데라 카운티 화강암, 인디애나 시움으로 재건축했으며, 미국 동서 화합의 대표적 건축물로 손꼽힌다. 타운홀 주변에서는 블루보틀, 포배럴, 사이트글라스와 같은 스페셜티 커피 매장을 쉽게 찾아볼 수 있다. 한국계 니컬러스 조(Nicholas Cho, 이하 닉조)의 레킹볼 커피 로스터스, 미국 최초의 아이리시 커피 바 더 부에나비스타, 최근 새롭게 각광을 받는 더 커피 무브먼트와 같은 샌프란시스코의 커피 산업은 스페셜티 커피와 전통적인 커피 산업을 압축시킨 듯이 농밀하다.

블루보틀 커피 2002년, 클라리넷 연주자 제임스 프리먼(James freeman)은 유럽 최초의 커피 하우스 '푸른 병 커피'에서 영감을 받아 블루보틀 커피를 열었다. 블루보틀 커피는 로스팅 후 48시간 이내의 커피만 사용하고, 한 잔의 커피를 내리는 데 5분 이상이 필요한 슬로 커피를 표방한다. 일본식 깃사텐 커피에서 영감을 받은 정성 어린 추출, 직관적 디자인과 대중적 소통 능력은 전국적인 스페셜티 커피 회사로 성장하는 계기가 됐다. 한국에서는 '커피업계의 애플'이라는 표현으로 화제가 됐지만, 현지에서는 오랜 노력과 실력으로 성장한 회사다.

오클랜드에서 시작한 블루보틀 커피는 샌프란시스코, 뉴욕, LA까지 발을 넓혔다. 그중 가장 상징적인 매장은 샌프란시스코 유니언스퀘어의 뒷골목 민트 플라자에 있다. 규모가 크지 않고 간판이 없는데도 대기 줄이 길어 쉽게 찾을 수 있다. 작은 입구를 통해 매장에 들어서면, 블루보틀의 시그너처인 와플과 크루아상을 비롯한 페이스트리들이 눈에 들어온다. 블루보틀의 와플은 한국과 일본에서도 판매하지만, 페이스트리와 가벼운 브런치 메뉴는 샌프란시스코에서만 맛볼 수 있다.

블루보틀에 가면 벨라 도노반 블렌딩 에스프레소와 지브롤터 라테를 꼭 맛볼 것. 벨라 도노반은 장미 향이 선명한 에티오피아 커피와 질감 있는 인도네시아 커피를 사용해 적절한 산미와 고소함의 밸런스가 좋다. 지브롤터 라테는 블루보틀 바리스타들이 지브롤터 글라스에 카페라테를 만들어 마시던 것에서 유래한다. 더블 샷 에스프레소에 소량의 스팀 밀크를 추가한 밀크커피다. 한국과 일본에는 이 메뉴가 있지만, 현지에서는 정식 메뉴에 존재하지 않는 '단골만 알고 주문하는 커피'다.

블루보틀은 최근 이탈리아 라마르조코의 가장 대중적인 리네아 머신을 사용한다. 향미 좋은 커피의 개성을 잘 발현하는 로버 그라인더다. '오지슬로드립'이라는 이름의 교토식 콜드브루 커피는 블루보틀 샌프란시스코에서만 만날 수 있는 메뉴. 교토식 더치 커피는 질감이 농밀하고 단맛이 깊다. 샌프란시스코의 블루보틀은 민트 플라자가 대표적이지만, 페리 빌딩 내부의 블루보틀 매장도 많은 사랑을 받는 곳이다.

블루보틀 민트 플라자 매장을 방문한 후엔 샌프란시스코 현대미술관(SFMOMA)으로 발걸음을 옮겨보자. 이곳에 들어서면 앤디 워홀의 석판화, 알렉산더 콜더의 모빌, 잭슨 폴록의 추상화가 눈에 띈다. 게르하르트 리히터의 초현실 작품, 프리다 칼로와 디에고 리베라의 작품도 인상적이다. 샌프란시스코 현대미술관은 건축물 자체가 아름답고 미술관에서 바라보는 조망, 독특한 계단 구조까지 매력적이다. 미술관을 나서는 길에 있는 카페 사이트글라스, 리추얼에 들러 스페셜티 커피를 한잔 더 마셔도 좋다.

1, 2, 3 블루보틀 커피는 한 잔의 커피를 내리는 데 5분 이상이 필요한 슬로 커피를 표방한다.

리추얼 커피 로스터스 브라운대학교에서 종교학을 전공한 아일린 리날디는 스페셜티 커피 산업의 존경받는 업체 '에스프레소 비바체'의 커피를 마시고 깊은 감명을 받았다고 한다. '쓴 커피가 아닌 좋은 커피를 만들자'라는 취지로 2005년 샌프란시스코 미션 지구에 리추얼 커피 로스터스를 창업했다. 리추얼이라는 이름은 "아침마다 마시는 커피는 가장 신성한 행위이며, 커피를 마시는 것은 일상을 더욱 멋지게 만들어주는 의식(Ritual)과 같다"라는 아일린의 철학에서 따온 것이다. 리추얼

1 리추얼은 싱글 오리진 커피를 시즌에 따라 제공하는 스윗투스 커피가 대표적이다.
2, 3 사이트클라스는 개성이 강한 스페셜티 커피를 선보인다.

커피는 창업 초기부터 전국구 스페셜티 커피업체 인텔리젠시아 커피, 스텀프타운커피로스터스에 맞먹을 정도로 실력을 인정받았다.

리추얼 커피는 미션 지구와 발렌시아 거리의 경계선상에 위치한다. 매장을 대표하는 커다란 깃발과 푸어 오버(Pour Over) 커피 바는 여러 차례 리모델링에도 변함없이 그 자리를 지키고 있다. 리추얼의 대표적인 커피는 스윗투스 커피. 스윗투스는 싱글 오리진 커피(단종 커피)를 시즌에 따라 제공한다.

리추얼 커피의 싱글 오리진 커피는 꼭 푸어 오버 방식으로 마셔볼 것을 추천한다. 미국식 스페셜티 커피의 푸어 오버 방식은 정확한 계량과 온도 유지 등으로 향미 좋은 스페셜티 커피를 추출하는 데 적합하다. 리추얼은 2010년 하리오의 V60 드리퍼를 사용한 푸어 오버 커피 바를 미국 최초로 디자인했다. 가장 인상 깊은 리추얼 커피는 2012년 처음 방문해서 마셨던 스윗투스 푸어 오버 커피다. 당시 케냐 싱글 오리진 커피의 무지개와 같은 향미와 초콜릿과 같은 질감, 압도적인 단맛이 오래도록 기억에 남았다. 리추얼과 멀지 않은 곳에는 리추얼에서 독립한 포배럴 커피와 페이스북 창업자 마크 저커버그가 사랑하는 필즈커피 본점, 베이커리로 손꼽히는 타틴이 있다.

사이트글라스 커피 사이트글라스 커피는 블루보틀 로스터 출신 제러드 & 저스틴 모리슨 형제가 2009년 시작했다. 2년여의 준비 과정을 거쳐 파격적인 대형 스페셜티 커피 매장을 선보였다. 사이트글라스는 트위터 창업자 잭 도시가 투자한 것으로도 알려져 있다. 블루보틀 커피가 다양한 헤지펀드의 자금을 받아서 성장했고, 필즈커피는 페이스북 저커버그의 도움을 받았듯 샌프란시스코의 닷컴 기업들은 스페셜티 커피 산업에 크게 기여하고 있다. 사이트글라스 커피 본점은 시빅 센터에서 멀지 않다. 트위터 본사에서 가까운 폴섬 스트리트 근처에 있다. 매장 입구에는 초대형 프로밧 빈티지 로스터가 자리 잡았고 2대의 키스반더웨스턴 에스프레소 머신이 커피 바 양쪽에 위치하고 있다. 대표 블렌딩은 아울스하울인데 강렬한 산미가 인상적이다.

블루보틀 커피가 대중적인 커피를 지향하고, 리추얼 커피가 커피의 향미와 단맛을 추구한다면, 사이트글라스는 커피의 개성을 극대화했다. 매장의 추천 커피는 퀵커피. 퀵커피는 스타벅스의 오늘의 커피를 사이트글라스 버전으로 업그레이드한 느낌이다. 사이트글라스의 라테와 같은 밀크커피는 산미가 마주해 강렬한 인상을 남긴다.
매장의 분위기는 공장을 개조한 정통 서부 스타일이다. 1층 곳곳에 커피를 마시는 공간이 있고, 2층에서는 로스터리와 커피 바를 한눈에 내려다볼 수 있다. 사이트글라스 커피에서 멀지 않은 곳에 세인트프랭크 커피 로스터리도 위치한다. 이곳은 사이트글라스와 함께 개성이 강한 스페셜티 커피를 선보이고 있어 2곳의 커피를 비교해서 마셔보는 것도 즐거운 경험이 될 것이다.

레킹볼 커피 로스터스 레킹볼은 오래된 건물이나 구조물을 파괴하는 쇠공과 같은 강력한 임팩트를 의미한다. 레킹볼 커피 로스터스는 스페셜티 커피를 분야에서 제3의 물결이라는 표현을 처음 사용한 트리시 로스게브(Trish Rothgeb)와 미국 최초의 스페셜티 커피 길드를 시작한 한국계 닉조 부부가 함께 운영하고 있다.
30년 이상 스페셜티 커피 경험을 쌓은 트리시 로스게보는 미국 1세대 큐그레이더(커피 감별사)이자, 스페셜티커피협회 로스터 길드 임원, 세계 바리스타대회 집행위원, 스페셜티커피협회의 품질과 교육 서비스 부문의 임원으로 활동했다. 닉조는 2002년 워싱턴 D.C에서 머키 커피를 시작으로 미국 1세대 스페셜티 커피인으로

1 커피 무브먼트는 다양한 스페셜티 커피를 소개하는 편집숍이다.
2, 3 레킹볼은 매일 다양한 스페셜티 커피를 내놓는데, 시그너처는 수세식 커피다.

활동했다. 바리스타 길드 미국지부 임원, 스페셜티커피협회 임원으로 활동하고, 2006년에는 지역 바리스타 챔피언으로 선발되기도 했다. 현재 닉조는 캘리포니아에서 손꼽히는 명문대학 버클리, 다트머스, UC 데이비스의 객원교수로 출강 중이다. 최근에는 딸을 위한 'Your Korean Dad'라는 유튜브와 틱톡 계정으로 미국에서 활동하는 '한국 아빠' 캐릭터로 셀러브리티가 됐다. 레킹볼 커피는 피어에 가까운 유니언 스트리트 매장이 유명하다. 혁신적인 레킹볼 로고가 인상적이며, 매장 내부의 파인애플 벽지도 SNS에서 화제다. 규모는 크지 않지만, 매장 바깥부터 고소한 커피 향이 발길을 잡아끈다. 매일 다양한 스페셜티 커피를 내놓는데

레킹볼 커피의 시그너처는 고지대에서 재배된 청량하고 말끔한 수세식 커피. 에스프레소뿐만 아니라 푸어 오버 커피의 선명하고 청량한 산미가 최고다. 평소에는 스타 바리스타 닉조가 커피를 직접 추출하며 지역 주민들과 자유롭게 교류한다. 미국 바리스타 챔피언 LA G&B 커피의 찰스 바빈스키도 매장에서 레킹볼의 커피를 사용할 정도로 레킹볼은 커피인들 사이에서 인정받고 있다.
레킹볼에서 멀지 않은 차이나타운 방향에는 최근 샌프란시스코에서 크게 인기를 얻고 있는 커피 무브먼트가 있다. 자그마한 커피 케이터링 트럭이 인상적인데, 이곳은 다양한 스페셜티 커피를 소개하는 편집숍이다.

부에나비스타 카페 1952년 부에나비스타 카페의 잭 케플러는 여행작가 스탠턴 델라플레인과 함께 수많은 시행착오를 거쳐 아이리시 커피 칵테일을 개발했다. 48시간의 숙성 기간을 거쳐 부드러움과 촉촉한 단맛이 길게 이어지는 크림이 부유한다. 부에나비스타의 아이리시 커피는 샌프란시스코 시장도 방문할 정도로 폭발적인 인기를 끌며 전국적으로 화제가 됐다. 잭 케플러와 스탠턴 델라플레인의 노력으로 부에나비스타 커피클럽은 세계 최고의 아이리시 커피 바로 자리매김했다. 미국에서 최초로 아이리시 커피를 시작한 부에나비스타 카페는 샌프란시스코 어민들이 수산물을 판매하던 피셔맨스 워프 주변, 바다가

1, 2, 3 부에나비스타는 위스키에 커피를 추가하고 부드러운 크림을 올린 아이리시 커피를 개발했다.

Writer 심재범

커피 칼럼니스트이자 한국커피협회 소속 바리스타. 오스트레일리아관광청 인증 바리스타 교육을 이수했고, 2011년 스페셜티커피협회(SCA)커피 품질 연구소 롭 스티븐의 커피솔루션에서 큐그레이더 시험을 통과했다. 세계 최고의 스페셜티 커피 더장을 기록한 〈카페마실〉, 한국의 스페셜티 커피 매장을 담은 〈스페셜티 커피 인 서울〉 일본의 커피 산업을 다룬 〈동경커피〉, 〈교토커피〉 등을 출간했다. 생업은 아시아나 항공 선임 사무장이다. 아름다운 커피를 만났을 때의 행복을 함께 나누기 위해 글을 쓴다.

보이는 곳에 위치한다. 왁자지껄한 분위기가 들뜨게 하는 곳이다. 바에 자리 잡으면 하얀 서비스 재킷을 입은 노년의 바텐더가 칵테일을 서브한다. 부에나비스타 카페의 아이리시 커피 칵테일은 투명한 유리잔에 탈라모어듀 아이리시 위스키 50ml, 뜨거운 브루잉 커피를 붓고 차가운 크림을 올린다. 일반적인 브루잉 커피지만, 크림이 촉촉하고 아이리시 위스키의 임팩트가 생각보다 강렬하다. 위스키와 커피의 조합은 생각보다 어렵다. 스코틀랜드의 맥캘란, 발베니와 같은 싱글몰트위스키는 향이 깊고 화려하지만, 칵테일에서는 힘을 잃는다. 버번위스키는 지나치게 달아 콜라와 같은 청량음료와 어울린다. 부에나비스타 카페의 아이리시 커피는 차갑고 달콤한 크림이 부드럽게 입술을 적시고, 따뜻한 커피가 입안을 가득 채우면서, 소박하고 강렬한 아이리시 위스키가 피로에 지친 몸과 마음을 나른하게 이완시키는 느낌이었다. 부에나비스타 바에서 옆자리에 앉은 노부부와 오랜 시간 대화를 나눈 기억이 있다. 30년 만에 고향에 온 부부는 커피와 위스키 몇 잔으로 젊은 시절의 기억을 떠올렸다. 아마 낯선 이방인에게 가족의 소중함에 대해 이야기해주고 싶었던 것 같다. 젊은 시절, 다리가 퉁퉁 붓도록 일했던 할머니와 뒤늦게 미안함을 고백하는 할아버지의 모습은 오래도록 여운이 남았다. 그날 저녁, 숙소로 돌아와 한참 동안 가족들과 통화를 했다. 낯선 장소에서 커피 한잔으로 인해 인생과 가족의 소중함을 다시 한번 깨닫는 순간이었다.

travelogue – BERLIN

베를린장벽에 '커피'라는 꽃이 피었다

"나는 소망한다. 내게 금지된 것을."
이것은 소설의 제목이 아니다. 우리의 욕망과 본능에 관한 절대 불변의 문장이다. 하지 말라고 하면 더 하고 싶고, 생각하지 말라고 하면 더 생각나는 경험. 누구나 한 번쯤 있지 않은가. 하긴, 아담과 이브도 그랬다. 모든 경우가 그렇진 않지만, 이러한 본능은 때론 엄청난 혁신과 거대한 변화로 이어진다. 베를린 커피 신이 그렇다.

Editor 김보라

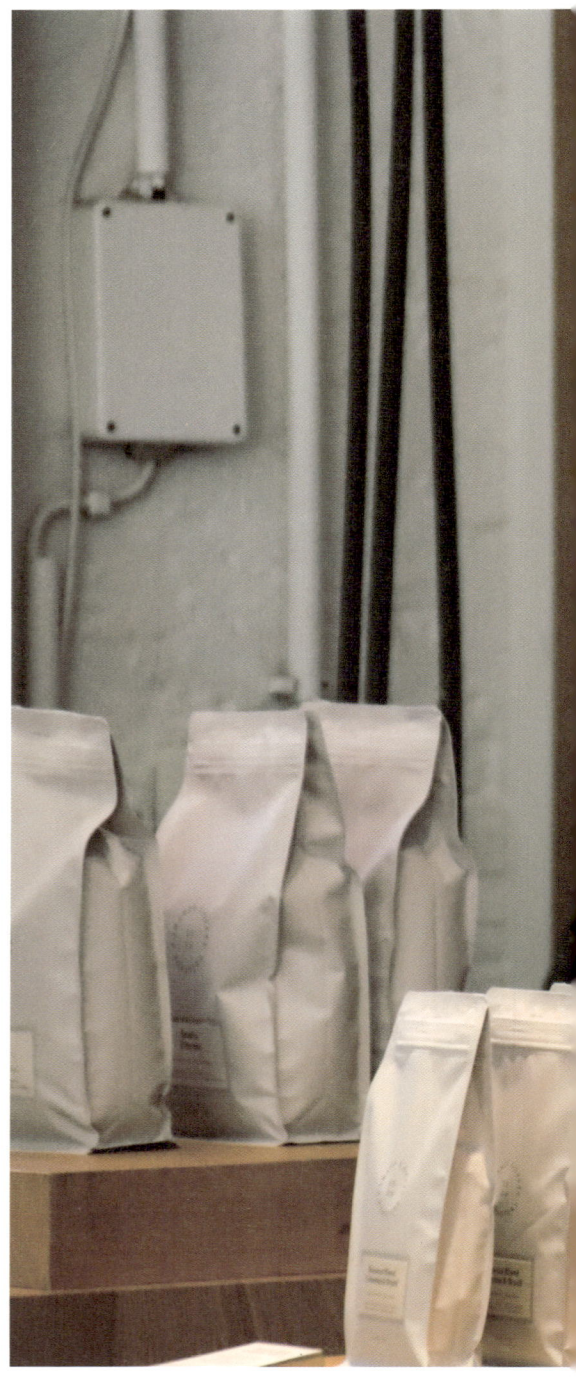

베를린의 새로운 카페 문화는 '절제된 융합'과 '거대한 포용'으로 압축할 수 있다.

독일의 수도, 유럽에서 가장 많은 인구가 사는 베를린은 오랜 옛날 '커피 금지령'이 내려졌던 곳. 지금은 세계 각국에서 온 바리스타와 실험 정신과 개성 넘치는 카페 주인들이 베를린을 스페셜티 커피의 성지로 만들어가고 있다. 한때 전쟁으로 폐허가 됐던 베를린은 과거사를 반성하고 갈라진 이념을 하나로 모으며 유럽 문화예술의 중심이자 가장 튼튼한 경제력을 자랑하는 도시가 됐다. 한 도시의 카페들이 그곳의 정서와 문화를 담아낸다면, 베를린의 새로운 카페 문화는 '절제된 융합'과 '거대한 포용'으로 압축할 수 있다.

남자들의 맥주, 여자들의 커피 유럽 최초로 커피에 대한 기록을 남긴 건 독일인이다. 독일 의사이자 식물학자인 레온하르트 라우볼프는 1582년 중동 지역을 여행하고 돌아와 <동방 여행>이라는 책에서 "아랍 사람들은 '차우베(Chaube)'라 부르는 치료 효과가 있는 음료를 마신다"라고 기록했다. 다만 커피를 마시는 문화는 이보다 약 100년이 더 지나 전파됐다. 1680년경 영국 상인이 함부르크에 독일 최초의 커피하우스를 만들면서다. 영국보다도 10년이나 더 늦었다.

독일에 커피 문화가 늦게 전파된 이유는 커피를

1, 2, 3 세계 각국에서 온 바리스타와 개성 넘치는 카페 주인들이 베를린을 스페셜티 커피의 성지로 만들어가고 있다.

재배할 수 있는 식민지가 없었기 때문이다. 항상 다른 나라 상인들을 통해 비싼 가격에 커피를 수입해야 했다. 커피 가격이 비쌌지만 독일에선 대유행한 데는 독일 여성들이 있었다. 남성들이 일을 끝내고 마시는 맥주에 빠져 있었다면, 여성들은 커피로 대신했다. 카페(커피하우스)가 대중화되기 전엔 독일의 빵집에서 연한 커피를 마시며 하루 종일 대화를 즐기는 문화도 생겼다. 20세기 초 독일 여성들이 아침 식사 후 친구나 지인들과 만나 커피와 케이크를 먹으며 이야기를 즐기던 '카페클라치(Kaffeeklatsch)' 문화는 지금의 브런치 문화의 원조 격이라고나 할까. 당시 독일 여성들은 오후에만 커피 10잔 이상을 마셨다고 전해진다.

통제와 결핍이 만들어낸 커피 레볼루션

많은 독일인이 커피를 일상재로 여기면서 1777년 프로이센의 국왕 프리드리히 2세는 커피 금지령을 내렸다. 수입산 커피 때문에 돈이 외국으로 다 빠져나가니 커피는 제발 그만 마시고, 맥주를 더 마시라는 성명서를 냈다. 생각해보면 이 금지령은 그 스스로도 엄청난 결단이었다. 프리드리히 2세는 모닝커피로 최소 7잔, 오후에 한 주전자의 커피를 다 비울 만큼 커피 애호가였다고.

커피 금지령을 내리던 당시 거리 곳곳에서 커피 냄새만 맡고 다니는 공무원이 있었고, 혹여 몰래 마시다 걸리면 감옥에 가는 일도 허다했다. 커피를 못 마시게 하자 암거래 시장은 더 커졌고, 결국 국민들의 반대로 커피 금지령은 철회됐다. 그 대신 귀족들에게만 '로스팅 허가권'을 주고 커피에 대한 세금은 높게 부과해 일반인은 도저히 마실 수 없는 귀한 사치품이 됐다.

금지령이 내려지자 혁신의 DNA는 고개를 들었다. 독일 여성들은 최대한 커피 맛에 가까운 음료를 만들기 위해 치커리를 볶아 커피처럼 내린 '치커리 커피'를 발명(?)했다. (지금도 블루보틀의 시그너처 메뉴 중에는 치커리가 들어간 '뉴올리언스'가 있다.) 뒤늦게 커피 마실 자유를 얻은 독일인들은 관련 기술로 압도적 우위를 점령했다. 세계 최초로 카페인 제거 기술이 개발됐고, 열풍식 로스터기가 처음으로 등장했으며, 핸드 드립 커피 도구도 독일의 주부 멜리타 벤츠에 의해 세상에 나왔다.

베를린의 색이 담긴 스페셜티 커피 독일의 우아하고 아름답던 카페들은 1940년대 전쟁을 겪으며 많이 사라졌다. 하지만 한때 금지됐던 음료기 때문일까, 아니면 지루하고 혹독한 전쟁 때 유일한 일상의 낙이었기 때문일까. 독일인의 커피에 대한 열망은 이웃 나라들보다 훨씬 크다. 1인당 커피 소비량은 연간 5.2kg으로 세계 7위, '커피의 나라'로 불리는 이탈리아(11위)보다 많다.

카페 문화는 각 도시의 라이프스타일을 그대로 담아낸 하나의 캔버스와 같다. 베를린은 1990년 베를린장벽 붕괴라는 역사적 사건을 마주하며 쉼 없이 변화했다. 유럽에서 상대적으로 물가가 싼 베를린에는 2000년대 초반부터 전 세계 젊은 예술가들이 몰려들었다. 이때 카페 문화도 함께 자라났다.

제3의 물결을 주도한 베를린의 카페를 이야기할 때 빠지지 않는 이름은 보난자 커피(Bonanza Coffee)다. 한국계 독일인 최유미 씨가 키두크 로이스와 2006년 공동 창업했다.

스타벅스가 아시아 국가까지 발을 넓히고 있던 시기, 보난자 커피는 독일에 없던 스페셜티 커피 문화를 처음 소개했다. 창업자들은 런던의 몬머스 커피(Monmouth Coffee)에서 '이상한 맛'의 커피를 접하고 스페셜티 커피에 눈을 떴다. 미국 포틀랜드와 시애틀 등을 다녀와 까다롭게 선별한 생두로 사업을 해보겠다고 결심했다.

"더러운 장소, 노동착취의 환경에선 고품질 커피를 생산할 수 없다"라는 게 보난자 커피의 원칙이다. 이들은 지금도 에티오피아, 브라질, 케냐 등 커피 생산지에 직접 찾아가 최고 품질의 커피 원두를 구한다. 보난자 커피는 생산지에서 공정하게 커피가 생산되고 있는지, 생산지의 주변 환경-특히 물과 생산 설비의 청결도-이 괜찮은지를 중점적으로

1, 2, 3 보난자 커피는 독일에 없던 스페셜티 커피 문화를 처음 소개했다.

1, 2, 3 카페 벤 라힘은 핸드 드립 방식의 스페셜티 커피를 선보이고 있으며, 중동의 전통 커피 기기인 체즈베로 모카 커피도 내린다.

본다. 벼룩시장이 열리는 베를린의 한적한 외곽에 첫 매장을 냈고, 주변에 거주하는 예술가들이 보난자 커피의 진가를 알아보고 입소문을 냈다. 베를린에 5곳의 카페를 운영하는 보난자 커피는 서울에도 최근 매장을 냈다.
2006년부터 보난자 커피의 플래그십 매장으로 운영되는 곳은 프렌츨라워베르크에 있는 로스터리. 붉은 벽돌 공장 건물에 있어 찾기 쉽지 않지만 안뜰로 들어가면 초록의 식물들과 붐비는 사람들로 베를린 그 어느 장소보다 활기가 넘친다. 테이블이 놓인 매장 내부보다 더 큰 로스터리가 대형 유리 칸막이로 연결돼 있어 커피를 즐기며 로스터들의 모습도 볼 수 있다. 세계 각지에서 온 7종의 커피 원두가 있어 핸드 드립으로 주문하면 원두 본연의 맛과 향을 경험할 수 있다. 우유가 조금 들어간 '피콜로'는 보난자 커피를 대표하는 시그너처 메뉴 중 하나다.

보난자 이후… 늘어난 커피 실험실 베를린 중심의 유서 깊은 상업 지구 하케셔 회폐엔 2015년부터 커피 애호가를 끌어모으는 카페 '벤 라힘(Ben Rahim)'이 등장했다. 아르누보 시대의 미적 감각으로 건축된 건물들 사이 안뜰에 자리한 이 카페는 튀니지 태생의 벤 라힘이 만든 카페. 안뜰의 정원엔 작은 나무 테이블과 벤치가 있어 누구나 잠시 들러 쉬다 가고 싶게 만드는 아늑한 장소다. 라힘은 튀니지에서 차와 커피에 둘러싸여 자랐다. 그는 "튀지니 사람들은 종종 자신의 커피를 다양한 유형의 친구들이라고 부른다"라고 한다. 호주에서 바리스타로 일하던 그는 베를린에 건너와 자신의 이름을 걸고 핸드 드립 방식의 스페셜티 커피를 내놓기 시작했다. 중동의 전통 커피 기기인 '체즈베(Czeve)'로 모카 커피도 내렸다. 올바른 원두와 장비로 사람들에게 커피에 대한 새로운 인식을 심어주고 싶었다는 게 그의 이야기.

카운터에서 주문한 사람들은 자신의 커피가 만들어지는 과정을 보며 기다렸다 이름이 불리면 찾아가 마신다. 커피 말고도 터키의 전통 디저트인 바클라바 등을 매일 바꿔가며 내놓는데, 담아내는 방식과 그릇까지 정성스러워 일찍 매진되는 경우가 많다.

'정글에서 마시는 커피' 콘셉트의 카페 '더그린스(The Greens)'는 예술가 레지던시와 전시장을 겸하는 알테뮌체 1층에 자리한다. 회색의 안뜰은 카페 이름 외에 아무것도 없지만 내부엔 온갖 식물로 가득하다. 조경 건축가인 마리 헨체가 베를린 중심부에 2018년 문을 열었다. 허브, 선인장, 잡초까지 실내 공간을 온통 식물로 꾸며 '식물 보호구역'이라는 별명을 얻었다.

카페 '칸나(Canna)'는 베를린에서 '대마 커피'를 마실 수 있는 카페다. 의료적 대마 활용이 합법화되며 대마의 유효 성분 중 하나인 칸나비디올(Cannabidiol, CBD)을 커피와 융합했다. 원두를 로스팅할 때 CBD 성분을 첨가한 'CBD 인퓨즈드 커피'는 심신 안정 효과가 있다고 알려져 디카페인 커피 대신 많이 찾는다. CBD는 헴프종에서 추출하는데 헴프시드나 헴프시드 오일을 넣은 다양한 메뉴를 찾아볼 수 있다.

오피스들이 모여 있는 크로이츠베르크의 중정엔 미니 카페 '키오스키(Kioski)'를 찾을 수 있다. 강렬한 노란색으로 유명한 슬로베니아의 빈티지 키오스크 K67을 디자인한 건축가 사샤 마츠흐티크에 의뢰해 베를린으로 가져온 키오스크 형태의 카페다. 에스프레소가 주요 메뉴인데, 핀란드식 쌀 파이 등 바쁜 직장인의 배를 채워줄 만한 음식도 함께 판매한다.

1

1, 2 '정글에서 마시는 커피' 콘셉트의 카페 '더 그린스(The Greens)'는 실내 공간을 온통 식물로 꾸며 '식물 보호구역'이라는 별명을 얻었다. **3** 강렬한 노란색이 인상적인 미니 카페 '키오스키'는 에스프레소가 시그너처 메뉴다.

Editor 김보라

한국경제신문 문화부 기자 겸 라이프스타일 팀장. 일상에서 쉽게 지나치는 사소한 것에서 나만의 영감을 찾아내는 게 세상에서 가장 즐겁다. 2017년 '청춘, 커피 페스티벌'을 기획했고, 커피 산업과 카페 문화에 대해 수년 간 글을 썼다. 스무 살 때부터 여행이 곧 일상인 삶을 살았다. 낯선 곳에 가면 우선 카페부터 찾는다. 좋은 커피가 있는 곳이 '멋진 동네'라고 믿는다. 아무튼, 먹고 마시는 것에 진심이다. 〈지금 팔리는 것들의 비밀〉을 썼다.

interview - CENTER COFFEE

일상 속 작은 사치

Editor 손유미 **Photographer** 최모레

센터커피는 스페셜티 문화가 다소 생경했던
2017년 초, 서울숲에 문을 열었다.

CENTER COFFEE

스페셜티, 게이샤 같은 스페셜티 커피 용어를 모두가 생경해하던 시절, 센터커피가 이 두 키워드와 함께 서울숲에 등장했다. 그러나 센터커피는 커피 자체보다는 챔피언의 커피, 유명 바리스타의 커피, 고가의 커피라는 말들로 더 주목을 받았다. 그렇게 5년이 지나고 한국의 커피 시장도 스페셜티 문화로 점차 변화했다. 그러나 센터커피는 여전히 그 자리에 처음 모습 그대로 존재하고 있다. 좋은 커피, 고급 커피, 커피에 얽힌 이야기로 사람들 일상에 더없는 사치품이 되고 싶다는 센터커피를 찾았다.

1 박상호 대표는 국내 스페셜티 커피를 주도하며 브랜드 센터커피를 이끌고 있다.
2 센터커피는 커피의 원산지와 풍미 등 스페셜티 커피의 스토리를 음료와 함께 낸다.

이미 많은 분이 아실 테지만 '센터커피'에 대해 짧은 소개 부탁드릴게요. 센터커피는 2017년 1월, 이곳 서울숲 매장에서 가오픈을 시작으로 현재 서울에 4개 매장을 운영하고 있고요. 정말 맛있는 커피를 합리적인 가격에 내어드리고 싶다는 취지로 문을 연 곳입니다.

센터커피가 인지도를 쌓은 이유 중 하나는 로스터이자 바리스타인 대표님 때문이 아닐까 싶어요. 대표님은 커피로 세계대회에서 활약한 바 있으시죠. 네, 2013년과 2015년 영국 바리스타 대회에서 챔피언을 획득했고, 다른 세계대회에서도 수상한 경력이 있어요. 그러고 나서 한국에 들어와 센터커피를 준비했죠.

2016년 즈음이면 이미 한국에도 꽤 많은 카페가 생겨났을 때인데요. 맞아요. 이미 카페가 많다고 여겨질 때였죠. 대형 프랜차이즈 커피숍도 매장 수가 상당히 증가한 상태였고요. 충분히 레드오션이라고 할 만했죠. 하지만 그 시장 안에서 좀 더 새로움을 꾀하고 싶다는 생각에 센터커피를 론칭하게 됐어요.

새로움이요? 스페셜티 커피죠.

그럼 대표님은 언제, 어떻게 커피에 입문하게 되었는지 궁금해요. 영국에서 화학공학을 전공하며 대학 생활을 시작했어요. 그러다 여행 자금을 모으기 위해 카페에서 처음 일하게 됐죠. 일부러 카페를 찾은 것도, 커피에 관심이 있던 것도 아니었어요. 아르바이트생으로 절 받아준 곳이 카페였기 때문에 커피 일을 시작하게 된 거죠. 제 나이 스무 살이었어요. 당시 저는 커피에 대해 정말 아무것도 몰랐어요. 제대로 마셔본 적도 없고요. 사람들이 왜 커피를 사 먹는지조차 이해가 안 될 정도였죠. 그렇게 커피에 대한 기초적인 정보부터 시작해 다양한 향미를 맛보게 된 거죠.

그러면서 점차 커피의 세계에 빠져든 건가요? 아르바이트를 하며 제가 만든 커피를 손님들이 너무 맛있다고 하는 거예요. 그런 피드백을 받으면서 의문을 갖기 시작했어요. '대체 맛있는 커피란 뭘까', '커피를 좀 더 알고 싶다' 같은 커피에 대한 호기심과 욕구가 생겼죠. 그래서 수소문을 해보니 런던에 단기 커피 수료 코스가 있는 거예요. 자격증을 주는 프로그램이었는데 그걸 들으면 모아둔 돈을 써야 했고, 여행은 물거품이 되는 상황이었어요. 그럼에도 기꺼이 투자를 한 거죠.

당시 영국은 커피 시장이 커진 상황이었나요? 아뇨. 커피를 가르치는 학원이 제가 다니던 곳 하나였고, 커피에 대해 진중하게 고민하는 친구들도 소규모

2

모임 정도로만 존재했어요. 한국보단 빨랐지만 영국도 막 시작 단계였어요. 돌이켜보면 그 덕분에 제가 더 커피에 집중하지 않았나 싶어요.

덕분에요? 그땐 커피에 대해 그 누구도 명확한 답을 갖고 있지 않았기 때문에 "이게 커피의 정답이다"라고 말할 수 있는 사람이 없었어요. 교본이나 포럼, 인터넷 정보도 없었죠. 사실 커피가 '맛있다', '좋다'라는 건 지극히 주관적인 기준이기도 하고요. 게다가 커피 연구나 기술도 시작 단계였어요. 좋은 커피를 손님들에게 내어주고 싶다는 욕심 하나로 사람들이 모여서 모든 걸 하나하나 부딪혀가며 깨우쳤죠. 직접 해보는 수밖에 달리 방법이 없었으니까요. 무척 힘들기도 했지만 그때가 제 커피 인생에서 가장 중요한 순간이 아니었나 싶어요.

그 시간을 거쳐 2017년 센터커피를 오픈하셨군요. 한국에 이미 좋은 브랜드와 매력 있는 브랜드가 있었고, 리저브 매장이라는 스페셜티 커피도 막 시작되었어요. 그럼에도 스페셜티 커피에 대한 맛의 차이는 제대로 알지 못했을 거라고 생각해요. 그래서 센터커피를 시작할 때 특이한 품종이나 맛이 정말 뛰어난 품종의 커피를 느낄 수 있도록 하고 싶었어요. '이것만은 다르다'라는 걸 확실히 보여주고 싶었죠. 센터커피는 고급스럽고 비싼 품종의 커피를 합리적인 가격으로 내는 것을 목표로 궁금증을 자아낼 수 있는 카페를 선보이고 싶은 마음으로 시작했어요.

그게 어떤 커피였나요? 지금이야 몇몇 카페를 돌면 게이샤 커피가 있겠지만 센터커피 오픈 시기에는 게이샤가 한국에 없었어요. 저희 모든 브루잉 메뉴가 다 게이샤였고, 에스프레소에도 게이샤 커피가 들어 있었죠. 와인에서 부르고뉴의 피노누아가 가장 좋다고 하듯, 이 커피는 상위 0.5%에 속하는 품종이라는 걸 알리고 싶었어요. 스페셜티 커피 시장 자체가 생소했기에 소비자들에겐 여러모로 다소 충격이 있었겠지만요.

어떻게요? 일단 아메리카노나 필터 커피의 가격이 3000~6000원이던 때, 저희 커피는 1만8000원까지 가격이 책정되었어요. 게다가 신맛에 익숙하지 않으니 비싼 커피에 왜 이렇게 신맛이 나느냐는 리뷰도 꽤 있었죠. 오픈 후 2년여간 부정적인 시선이 굉장히 많았어요. 다들 비싼 식초를 판다고 했죠.(웃음)

그런 반응이 불안하진 않았나요? 예상했던 터라 괜찮았어요. 그 대신 이걸 오래 가져가야 한다고 생각했죠. 센터커피를 마신 후 다른 프랜차이즈 커피를 마실 때면 센터커피를 떠올리거나 비교할 수 있고, 그럼 다시 찾게 될 테니까요. 처음엔 낯설어도 그 다음은 궁금해지니까요. 실제로 운영하고 2년쯤 되던 해부터는 사람들이 게이샤라는 품종도 알고, 스페셜티 커피에 대한 수요가 조금씩 생기면서 센터커피도 자리를 잡게 됐고요.

생두와 커피 로스팅은 대표님께서 직접 하시는지요. 코로나19 발생 전에는 농장을 일일이 찾아다니면서 생두를 구매했지만 코로나19 이후에는 샘플을

1 센터커피는 스페셜티 커피를 즐기려는 사람들의 명소가 되었다.
2 박상호 대표는 2013년과 2015년 영국 바리스타 대회에서 챔피언을 획득했고, 이후 세계대회에서도 여러 차례 수상을 했다.
3 센터커피 서울숲점에서는 서울숲을 바라보며 음료를 즐길 수 있다.

1 센터커피에는 커피와 티 등 다양한 메뉴가 매장 별로 상이하게 있다.
2,3 스페셜티 커피가 생경하던 2017년, 박상호 대표는 이곳 서울숲에 처음 센터커피 현판을 내걸었다. 지금도 로스팅부터 추출까지 전 과정에 참여한다.

주고받으면서 구매해요. 여전히 긴밀한 관계를 유지하고 있긴 하나 코로나19로 인해 좀 바뀌었죠. 커피 로스팅은 필터 커피 라인업이나 게이샤의 경우 제가 직접 다 하고 있어요.

대표님이 로스팅할 때 가장 중시하는 것은 무엇인가요? 제가 생각할 때 커피의 매력은 단맛이 아닐까 싶어요. 의아하게 생각할 수 있지만 여기서 말하는 단맛이란 초콜릿 같은 단맛이 아닌 은은한 설탕이나 밀크 티에서 느껴지는 풍미예요. 이건 진짜 좋은 커피에서 잘 노팅되면 느낄 수 있는 맛이에요. 이 맛이 없으면 신맛만 느껴질 뿐이죠. 로스팅 방식이 많아지면서 맛의 기준도 다양화하긴 했지만 그럼에도 맛의 기본은 단맛이라고 생각해요. 이 단맛이 있어야만 이후에 느껴지는 좋은 산미도 잘 표현될 수 있고요. 단맛과 신맛의 밸런스, 목 넘김 후 느껴지는 깔끔함. 이 세 가지가 저희 커피의 기본이 아닌가 싶어요.

"일상 속 작은 사치"라는 센터커피의 소개 글을 봤어요. 세상에서 가장 비싼 와인이나 그만한 리스트의 와인을 한 잔 혹은 한 병 먹으려면 보통 수십 만 원에서 수백만 원 정도를 호가해요. 사치라고들 하지만 즐기는 사람도 꽤 되죠. 한데 커피는 세계 최고의 커피 한 잔이 비싸면 2만 원에서 3만 원 정도예요. 와인과 달리 세계 최고의 커피에는 무척이나 인색한 편이죠. 전 이걸 즐기시길 바라요. 2만~3만 원으로 상위 0.001%짜리 커피를 누릴 수 있어요. 가끔은 최고급 커피를 즐기며 일상에서 소소한 사치를 부려봐도 좋다는 뜻이에요.

어쩌면 이 소소한 사치가 오래가지 못할 거라는 전망도 있던데요. 코로나19와 러시아·우크라이나 전쟁으로 인한 인플레이션과 지구온난화 때문에 커피 생산량이 현저히 줄고 있어요. 2050년이면 생산량이 절반으로 줄어든다고 하고요. 그러면 고급 커피 생산량은 더 적어질 테죠. 우리가 지금 마시고 있는 게이샤는 일상의 사치가 될 수 없을 거예요. 결국 커피도 양극화 현상으로 치달아 저가나 최고급, 이렇게 둘로 나뉘지 않을까 싶네요.

염려되네요. 세계 커피 생산국 1위인 브라질에서 기후온난화로 생산량이 현저히 떨어지면서 뉴욕 증시도 무척 올랐어요. 수입해 판매하는 저희도 최대한 가격을 방어하고 있지만 이 사태가 지속되면 가격을 올리겠죠. 그래서 전 손님들이 가격이 아닌 사람들의 이야기에 관심을 가져주셨으면 해요. 어떤 열정으로 카페를 꾸렸을까. 이 한 잔의 커피엔 바리스타와 로스터, 농장주의 땀이 배어 있을까. 왜 이런 가격이 책정되었나. 저희도 손님들과 이런 이야기를 주고받을 수 있는 커피 커뮤니케이션을 위해 직접 소통하거나 유튜브 같은 온라인 채널에서 이야기를 나눌 테니 귀 기울여주셨으면 해요.

앞으로 센터커피가 궁금해요. 작은 회사지만 환경을 생각하는 일에 동참하고 있어요. 생분해되는 원두 봉투나 박스 테이프 등 작은 부분에서도 노력하고 있죠. 무엇보다 커피 농장, 커피 문화에 대한 이야기를 꾸준히 하려고 해요. 그것이 결국 사람과 환경을 위한 논의기도 하니까요. 사람들이 커피 한 잔에 담긴 세상을 논하면서 커피를 즐길 수 있도록 하는 게 제가 꿈꾸는 일인 것 같아요.

interview - BONANZA COFFEE

It's Unnecessarily Good

Editor 손유미 **Photographer** 최모레

보난자 커피 코리아는 생두부터 로스팅, 추출까지 독일 방식을 그대로 들여왔다.

BONANZA COFFEE

흔히 '독일의 블루보틀'이라 부르는 보난자 커피는 명성과 연식에 비해 규모가 그리 크지 않다. 이렇게 보난자 커피가 지난 16년간 단 3개 매장만을 유지해온 이유는 브랜드 확대나 매장 확장보다 '좋은 커피'만을 위해 달려왔기 때문이라고 한다. 최근 한국에 진출한 보난자 커피 역시 좋은 커피를 제공하는 데 온전히 집중하고 있다. 생두부터 로스팅, 추출까지 독일 방식을 그대로 들여와 더 나은 커피, 더 좋은 커피를 만들기 위해 새벽부터 로스터리만을 바삐 움직이고 있는 사람들. 'It's Unnecessarily Good', '필요 이상으로 좋다'라는 보난자 커피의 이념이 보난자 커피 코리아에도 그대로 이어지고 있는 것이다. 다음은 보난자 커피 코리아 헤드 로스터 정성윤 씨와 나눈 커피 이야기다.

1

안녕하세요. 먼저 독자분들께 본인 소개 부탁드립니다. 안녕하세요. 보난자 커피 코리아에서 로스팅을 하고 있는 헤드 로스터 정성윤입니다.

현재 몸담고 있는 '보난자 커피'에 대해서도 간략하게 설명 부탁 드립니다. 보난자 커피는 2006년 독일 베를린에 최초로 생긴 스페셜티 커피 로스터리 카페예요. 보난자 커피는 '필요 이상의 집착', '끝없는 궁금증'을 슬로건으로 더 나은 한 잔의 커피를 만들기 위해 끊임없이 탐구하고 투자하는 사람들의 집단입니다.

커피를 좀 마신다거나 스페셜티 커피에 관심이 있는 분들 사이에서 보난자 커피는 이미 꽤나 인지도가 있는 브랜드인 것 같아요. 보난자 커피 오픈 초반에는 '독일의 스타벅스', '독일의 블루보틀'이라는 수식이 붙기도 했어요. 처음엔 그런 초대형 업체들과 비교되는 게 무척 신기하더라고요. 보난자 커피는 16년간 브랜드를 운영하면서도 고작 3개 매장만 보유하고 있으니까요. 그런데도 그런 유수의 브랜드와 함께 언급되니 새삼스러웠달까요. 보난자 커피를 그만큼 단단한 업체로 인식해주시는 것 같아 저희로선 감사할 따름이죠.

보난자 커피가 한국에 처음 선보이게 된 건 언제인가요? 2016년 한남동 'mtl(more than less)'이라는 라이프스타일 편집숍을 통해 국내에 처음 보난자 커피를 소개했어요. 그때 마침 독일 본사에서도 국내시장으로의 확장을 염두에 두고 있던 터라 mtl과 함께 한국 프로젝트를 시작할 수 있었죠.

한국의 커피 시장이 포화상태라고 하는데요, 그럼에도 보난자 커피 코리아 론칭을 준비한 이유가 궁금해요. 우선 지금처럼 군자에 위치한 플래그십 스토어를 처음부터 구상하진 않았어요. 그저 보난자 커피의 좋은 원두를 알리고 싶은 마음이 컸죠. 한국에 보난자 커피를 들여오기 전, 아시아 소비자들이 보난자 커피를 마시고 싶으면 직접 베를린에 방문하거나 꽤 부담스러운 배송비를 지불해야만 했어요. 그래서 아예 보난자 커피를 한국으로 들여오면 어떨까 싶었죠. 그러면 독일에 가지 않더라도, 비싼 배송비를 지불하지 않더라도 맛 좋은 보난자 커피를 마실 수 있을 테니까요. 게다가 한국에 보난자가 들어오면 독일과 동일한 퀄리티의 커피를 한국을 포함한 아시아와 태평양 지역으로 더 효율적이고 빠르게 공급할 수도 있고요.

1 보난자 커피에는 스페셜티 외에도 다양한
에스프레소 메뉴가 있다.
2 정교하게 커피를 내리고 있는 정성윤 헤드 로스터.

1, 2 보난자 커피 군자점이 문을 열면서 독일과 동일한 퀄리티의 커피를 아시아와 태평양 지역으로 더 효율적이고 빠르게 공급할 수 있게 됐다.
3 보난자 커피는 생두가 가진 빛나는 맛을 숨김 없이 드러내고 싶은 마음에서 라이트 로스팅을 주로 한다.

보난자 커피는 많은 이가 궁금해할 정도로 세계적으로 손꼽히는 스페셜티 브랜드인 만큼 커피 수급부터 로스팅까지 꽤나 촘촘한 루틴이 있을 것 같은데요. 우선 보난자 커피 코리아는 독일 보난자와 동일한 생두를 사용해요. 생두 수급을 위해 믿을 만한 현지 파트너와 같이 농부와 생두를 찾아 전 세계로 떠나기도 하죠. 또 로스터 간에 로스팅 그래프와 커핑(커피를 시음해 평가하는 행위) 정보를 공유하고 있어요. 덕분에 군자에서도, 베를린에서도 같은 커피를 마실 수 있죠. 물론 제 개인적으로 더 나은 커피를 만들고 싶은 마음도 있지만요.(웃음)

서울과 베를린의 보난자 커피가 갖는 공통점은 무엇인가요? 보난자 커피는 라이트 로스팅을 주로 하는데, 이는 생두가 가진 빛나는 맛을 숨김없이 드러내고 싶은 마음에서입니다. 로스팅은 라이트하게 하되 로스팅 과정 중 커피가 가진 신맛을 충분히 분해해 시지 않고 맑고 둥그런 차 같은 커피를 만들려고 해요. 무엇보다 우리가 만든 우리의 커피를 더 많은 곳에 소개하고픈 마음도 있고요.

보난자 커피를 상징하는 'It's Unnecessarily Good'은 어떤 의미인가요? 보난자 오너인 키두크 로이스(Kiduk Reus)의 삶과 열정을 그대로 반영하고 있어요. 로이스는 커피가 좋아 무작정 베를린에 첫 번째 스페셜티 카페를 론칭하고 좋은 에스프레소 머신, 그라인더가 나오면 멀쩡히 쓰던 기계를 팔고 새로운 기계를 기꺼이 구매했어요. 또 좋은 커피가 있다면 남미든 아시아든 아프리카든 어디라도 훌쩍 떠났어요. 그렇게 커피만 쫓았으니 16년간 고작 3개 매장만 운영했겠죠. 그는 장사보다 좋은 커피를 만나는 게 더 좋았으니까요. 그런데 한국에도 로이스처럼 빛나는 눈을 가진 바리스타들이 많아요. 그들 모두 '이만하면 됐다'는 태도로 커피와 타협하지 않아요. 사실 똑같은 커피를 똑같이 내려도 다른 맛이 나올 수 있어요. 그 말인즉 더 나은 커피를 만들 여지도 있다는 거죠. 저 역시 같은 생각이에요. 추출에서도, 로스팅에서도, 생두 구매에서도 더 나은 방법이 늘 있다고 믿어요. 같은 이유로 개인적으론 맛있고 좋은 커피가 있지만 그걸 최고라고 단언할 수는 없죠.

결국 모든 과정에 세세하게 주의를 기울여 작업해야 한다는 얘기죠. 그 중심에 로스터가 있을 테고요. 그러면 로스터님은 커피의 맛을 위해 어떤 수고로움을 감내하고 계신가요? 크고 작은 노력이 많이 필요해요. 각 배치(볶음)를 동일하게 하기 위해 배치 간 프로토콜(BBP)은 물론이고 볶아낸 원두에서 디펙트(결점두)를 골라내 단 한 잔의 실수를 막는 일도. 또 보난자의 전통인데 커핑할 때 매번 커핑 컵에 담긴 물의 무게를 측정해요. 이는 커핑 볼에 담긴 물의 차이로 인한 농도가 테이스팅을 방해한다고 생각하기 때문이에요. 그래서 모든 부분을 최대한 동일하게 반복하는 거죠. 커핑 과정에서 더 나은 방법이 무엇인지도 꾸준히 찾아내려 하고요. 이렇게 하나하나 반복하고 탐구하는 거죠.

그럼 로스팅할 때 가장 중점적으로 염두에 두는 부분은 무엇인가요? 생두의 특성을 잘 살리고 싶어요. 저희 블렌드에 들어가는 두 가지 생두는 나라부터 특성, 밀도, 수분율까지 다 달라요. 그래서 두 커피를 다른 방식으로 볶아낸 다음 블렌딩해요. 서로의 특성이 가장 잘 드러나도록 각각 볶은 후 두 가지가 섞였을 때 기대치 못한 조화가 이뤄지게 유도하고 있어요. 요즘 흔히 구분 짓는 MBTI에서 I와 E인 친구가 기막힌 케미를 보여주는 것 처럼요.(웃음)

정성윤 로스터님은 보난자 커피, 더 나아가 한국의 스페셜티 문화에 몸담고 계시죠. 앞으로도 한국 스페셜티 문화 혹은 커피 문화가 어떤 방향으로 발전했으면 하나요? "사랑으로!"라는 메시지를 늘 마음에 품고 있어요. 고객을, 팀원을, 농부를, 커피를 사랑하는 마음으로 이 일을 하고 싶어요. 최근 이탤리언 에스프레소, 저가 커피, 초고가 커피 등 여러 카페가 생기는데 이 또한 반가운 뉴스라고 생각해요. 소주를 마시는 사람, 와인을 마시는 사람, 맥주를 마시는 사람이 있듯, 자신의 선호에 맞는 커피를 찾는 문화가 늘어나고 있다는 거니까요. 무엇보다 개인적으로는 산지와 소비국을 포함한 커피업계 전반의 정보 불투명성과 차별, 기후변화로 커피 작황이 어려워지고 있는 상황이 염려스러워요. 이건 커피의 부가가치와 연결되는 문제인 만큼 더 많은 고민을 해봐야겠죠.

커피의 부가가치요? 일단 사람과 자연, 이 모든 측면에서 커피를 생각해볼 수 있어요. 사실 자연을 위한다면 커피를 마시고 만드는 행위 자체가 자연의 섭리에 반하는 거예요. 그럼에도 우리는 모두 커피를 즐기고 싶으니 최대한 주의 깊게 살펴야겠죠. 보난자는 지난 16년간 친환경 원두 포장지를 써왔어요. 재활용이 가능한 유리병과 원두팩, 옥수수 성분의 친환경 플라스틱을 사용하고 있고요. 또 커피업계의 저임금에 대해서도 부단히 생각해볼 문제예요. 생두 파트너이자 커피 농부에게도 응당한 가치를 지불하는 것은 물론 주기적인 연대를 통해 명확하고 좋은 파트너가 되어주고요.

끝으로 보난자 커피를 찾아 정성윤 로스터님의 원두를 맛보게 될 이들에게 전하고픈 이야기가 있다면요? 보난자 커피가 지구상 최고의 커피는 아닐 수 있지만, 하루 중 최고의 순간을 만끽할 수 있는 커피가 되도록 노력하고 있어요. 더욱이 이 한 잔의 커피는 눈에 보이지 않더라도 많은 사람의 빛나는 열정을 거쳐 만들어졌어요. 전 어떤 농부가 어디에서 어떻게 재배했고, 어떻게 열매를 수확했는지 늘 기억하고 있으니 그만한 가치를 보여줄 수 있도록 로스터로서 늘 최선을 다할 거예요. 그들의 노력이 이 한 잔에 모두 담기도록 말이죠.

1

1 매장을 방문하지 않고도 보난자 커피 로스터리 웹사이트에서 드립백, 콜드브루 제품을 만나볼 수 있다.
2 보난자 커피 군자점에는 커피와 이에 어울리는 여러 디저트 메뉴가 있다.
3 보난자 커피의 음료와 요리는 모두 로스터, 바리스타, 셰프 등 각 분야의 전문가들의 손을 거쳐 제공된다.

SCENE 2

066–105

커피

상식

봄날의 나른함을 쫓아주는 마법, 한여름의 무더위를 식혀주는 갈증 해소제, 선선한 가을의 정취를 한껏 더 끌어올리는 쌉쌀한 보약, 한겨울의 추위를 사르르 녹여주는 따뜻한 한 잔. 바로 커피입니다. 사계절 많은 이에게 없어선 안 될 커피. 무심코 마시는 커피 한 잔에 사소한 궁금증을 느껴본 적 있으신가요. 커피가 어디서 왔는지, 사람들은 왜 그렇게 커피 한 잔을 두고 많은 대화를 나누게 됐는지, 커피가 대체 무엇이길래 세계인이 이토록 열광하는 음료가 됐는지 말입니다. 이 글을 읽고 난 뒤엔 지금 손에 들고 있는 커피 한 잔의 맛과 향이 조금은 달라져 있기를.

커피
개론

커피의 고향은 에티오피아…
한때 '사탄의 음료'로 탄압받기도
커피는 어디에서 왔을까?

01

지금은 커피 한잔이 너무 흔하지만, 커피가 일상에 들어오기까지는 수백 년의 시간이 필요했습니다. 16세기 초 메카에선 커피가 사람들의 분별력을 떨어뜨린다는 이야기가 돌았고, 와인처럼 취하게 하는 음료라는 음해도 있었습니다. 이탈리아에선 '사탄의 음료'로 불리며 탄압을 받았고요.

커피의 기원을 찾아보면 1000년 전으로 거슬러 올라갑니다. 6세기경이다, 800년경이다 여러 주장이 있습니다. 사실 아무도 정확한 기원은 모릅니다. 확실한 건 "커피는 에티오피아에서 기억할 수 없을 만큼 오래전부터 알려져 있었다"라는 것입니다. 에티오피아에서 예멘으로 전해졌고, 사우디아라비아의 메카를 거쳐 페르시아, 이집트, 유럽으로 전파되었다는 게 정설입니다.

커피가 가장 널리 퍼진 시기는 15세기 메카에서였습니다. 종교적 목적이 컸습니다. 이슬람교 금욕파 수도사들이 야간 종교의식을 위해 밤마다 커피를 마셨는데, 수도원장이 큰 토기 주전자에 담긴 커피를 잔에 따라 수도사들에게 나눠주고, 평신도에게도 돌렸습니다.

각성 효과에 위장을 깨끗하게 한다고 믿어서였습니다. 이후 많은 사람이 즐기게 되면서 최초의 대중적인 '카베 카네스(Kahveh Kanes, 터키어로 커피하우스)'가 생겨났다고 합니다.

한국에서 제일 처음 커피 맛에 눈뜬 사람은 누굴까요. 고종 황제였습니다. 러시아 공사관에서 일하던 프랑스 국적의 독일인 손탁이 소개한 뒤 커피(당시 이름은 가배) 맛에 푹 빠져 살았다고 합니다. 고종 황제의 유명한 어록도 있지요. "나는 가배(커피)의 쓴맛이 좋다. 왕이 되고부터 무얼 먹어도 쓴맛이 났다. 한데 가배의 쓴맛은 오히려 달게 느껴지는구나."

report

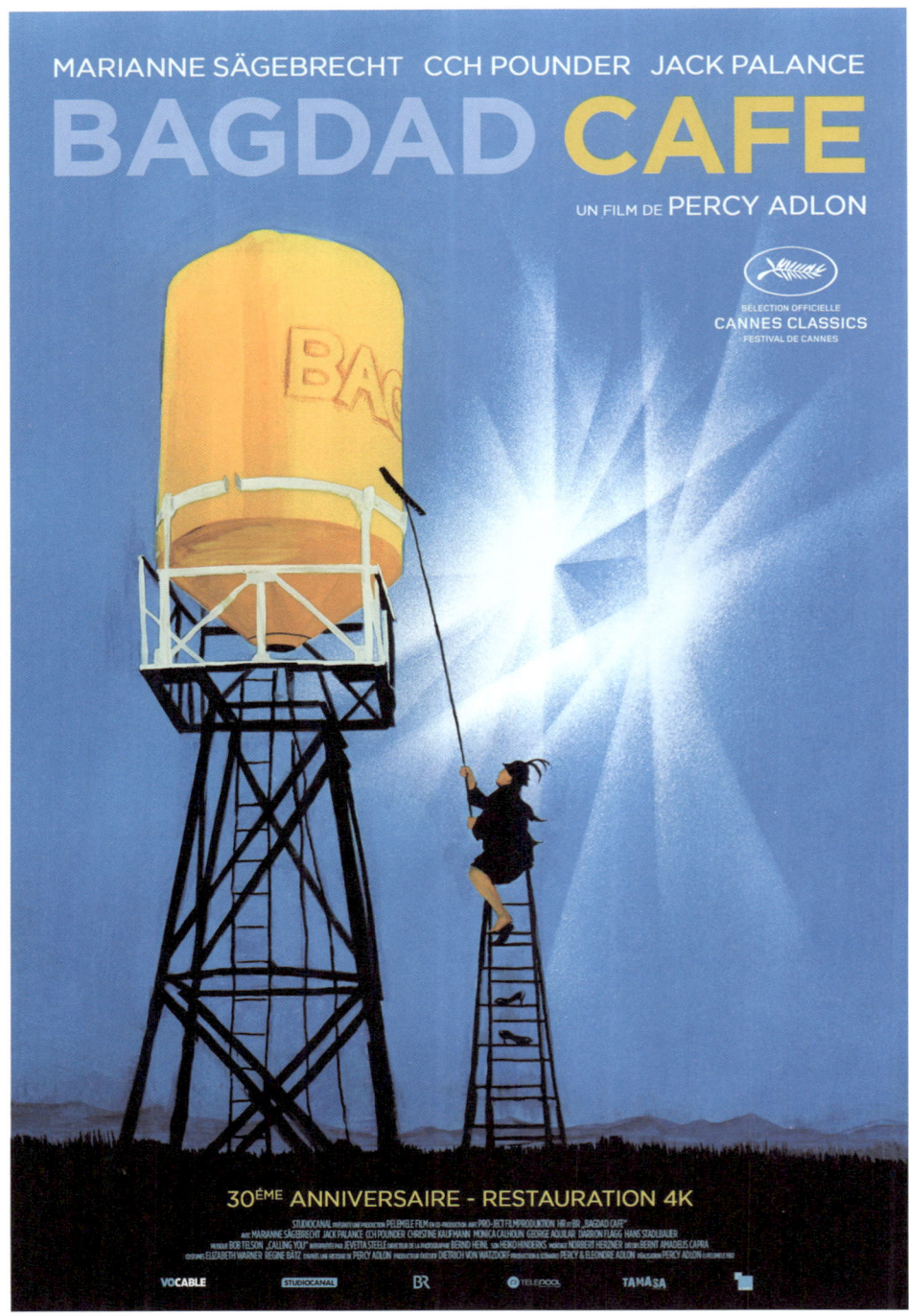

〈바그다드 카페〉(1987)
출처 The Movie Database (TMDB)

아메리카노, 미국서 애국자의 커피였다는데…
아메리카노의 유래

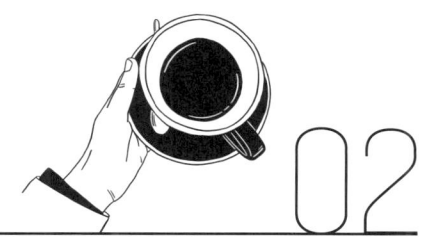

02

1987년 개봉한 영화 <바그다드 카페>. 미국 캘리포니아 황량한 사막의 낡은 카페를 배경으로 합니다. 미국을 여행하던 독일인 부부와 카페 주인인 브렌다 사이에 벌어지는 해프닝을 다룹니다. 이 영화에는 중요한 소품이 하나 있습니다. 독일인 부부가 갖고 있던 노란색 보온병. 진한 커피가 담겨 있습니다. 바그다드 카페의 커피 기계가 고장 나자 주인은 이 보온병 속 커피를 손님들에게 내어줍니다. 커피를 들이켠 한 미국인 손님은 인상을 잔뜩 찌푸리며 바닥에 내뱉어 버리죠. 독극물 아니냐면서. 그때 카페 주인이 다시 와 뜨거운 물을 붓습니다. 그제야 손님은 웃습니다. "이제 맛이 괜찮네."

흙탕물 같은 검은 액체에 물을 붓자 마법처럼 맛있어지는 그것. 바로 '아메리카노'입니다. 한국인의 아메리카노 사랑은 유별납니다. 국내에서 가장 일반적인 커피 메뉴가 된 아메리카노의 유래를 아시나요?

유럽에 가서 커피를 주문하면 당황스러운 일이 많습니다. 용감하게 "커피 주세요" 하면, 한참 뒤 지름이 엄지손가락만 한 미니 커피잔이 나오죠. 이럴 땐 도저히 목에서 넘어가지 않아 '핫 워터'를 추가 주문해야 합니다. 지금은 어딜 가나 또박또박 "아·메·리·카·노"를 외칩니다. 한국인의 아메리카노 사랑 때문인지, 유럽에서는 '아이스 아메리카노'를 정식 메뉴에 올린 카페도 자주 눈에 띕니다. 아메리카노는 진하게 추출한 에스프레소에 물을 더해 마시는 커피입니다.

아메리카노의 어원은 제2차 세계대전 당시로 거슬러 올라갑니다. 미국 병사들 중 일부는 진한 에스프레소 커피를 도저히 못 마시겠다며 물을 타 마셨습니다. 유럽 병사들이 '양키들이나 먹는 구정물'이라는 조롱의 뜻으로 아메리카노라고 이름 붙였다고 합니다.

미국 사람들은 제2차 세계대전이 일어나기 훨씬 전부터 연한 커피를 마셨습니다. 연한 커피를 마시게 된 건 18세기 '보스턴차사건'과 관련이 있습니다. 영국에서 신대륙으로 건너온 사람들은 커피보다 홍차를 즐겨 마셨습니다. 영국 정부는 동인도회사에 차 무역 독점권을 부여했고, 이 회사를 거치지 않고 수입되는 차에는 높은 관세를 부과했지요. 차 가격이 뛰자 미국 상인들은 저항했고, 1773년 12월 16일 보스턴 항구에 정박해 있던 영국 선박을 습격해 수백 개의 차 상자를 바다에 던져 버렸습니다. 보스턴차사건 이후 미국에선 홍차 대신 커피를 마시는 게 애국 행위로 여겨졌다고 합니다. 커피 바람이 본격적으로 불기 시작한 것이죠. 홍차와 가장 비슷하게, 연한 농도의 커피를 마셨답니다.

report

세계 3대 커피,
순위는 누가 매긴 거죠?
블루마운틴의 진실

03

'다방 커피'를 사랑하는 한 선배가 원두커피 전문점에 가서 당당하게 외쳤습니다.
"커피는 역시 블루마운틴이지!"
커피가 줄어드는 내내 블루마운틴의 뛰어난 맛과 위대함에 대해 들어야 했습니다. 몰래 한 모금 마셔봤는데, 제가 마시던 케냐AA보다 조금 더 부드럽다는 것 외에는 차이를 잘 모르겠더군요. 다방 커피 마니아지만 블루마운틴만큼은 잘 알고 있다는 그 선배의 미스터리. 곧 알게 됐습니다. '세계 3대 커피'의 이름을 숙제하듯 외우고 있었더군요. 자메이카 블루마운틴 넘버원, 예멘 모카 마타리, 하와이안 코나 엑스트라 팬시. 우리가 흔히 듣는 세계 3대 커피입니다. 놀라운 사실은 아무도 왜 이 원두들이 세계 3대가 됐는지 잘 모른다는 겁니다. 가장 오랜 역사를 가진 원두는 '예멘 모카 마타리'입니다. 화가 빈센트 반 고흐가 즐겨 먹은 원두로 유명하지요. 커피의 기원지인 에티오피아와 홍해를 사이에 두고 있는 예멘은 아라비카커피를 세계에 알린 주역이었습니다. 상인들이 예멘의 수도 사나에서 커피를 낙타 등에 싣고 모카항까지 이동해 유럽 등지로 커피를 수출했다고 하죠. 예멘과 에티오피아에서 생산된 최상급 아라비카를 여전히 '모카'라고 부른답니다.
자메이카 블루마운틴을 이렇게 유명하게 만든 건 뜻밖에도 일본이었습니다. 영국 식민지이던 자메이카에 1728년 처음 커피가 전해졌고, 자메이카 커피는 1800년대에 유럽 전역을 장악했습니다. 하지만 1900년대 대공황과 공급과잉이 겹쳐 커피 농장들이 도산했습니다. 일본은 이 틈을 타 1960년대 자메이카 정부에 외환 지원을 하고 커피 농가 대부분을 인수했습니다. 일본은 이 중 최상급인 '넘버원' 원두 90% 이상을 자국으로 가져가고 나머지 10%를 글로벌 시장에 내놨습니다. '영국 여왕이 마신 커피'로도 포장했는데, 사실 당시 유럽에선 자메이카 원두를 여왕 아니라 여왕의 비서도 마셨더랬죠. 일본의 '작업'으로 자메이카 블루마운틴은 지금도 높은 가격에 거래됩니다.
하와이안 코나 커피는 작가 마크 트웨인 때문에 유명해졌습니다. 1800년대에 하와이 오아후섬에서 자란 커피나무가 코나로 옮겨졌고, 이 커피를 맛본 트웨인이 극찬했습니다. 각각의 스토리는 있지만, 여전히 왜 세계 3대가 됐는지는 모릅니다. 전문가들은 "수백 종의 원두가 있는데 세계 3대 따위에 얽매이지 말라"라고 합니다. 그해의 작황, 원두 보관 방법, 그날의 날씨와 기분에 따라 커피 맛은 수천 가지 얼굴을 하기 때문입니다.

핸드 드립 기구는 왜 일본 브랜드가 많을까?
핸드 드립 기구

04

"드롱기로 할까? 네스프레소가 더 낫지 않아?"
결혼을 준비하는 커플들이 하는 흔한 대화입니다. 커피가 일상으로 들어오면서 커피 머신은 필수 혼수품이 된 지 꽤 됐죠. 저도 다르지 않았습니다. 마치 장래 희망이 바리스타인 것처럼 에스프레소 기계 브랜드를 수없이 알아보고, 그라인더에 탬퍼까지 기웃거렸습니다. 결국 해외 직구를 하고야 말았습니다. 당시 국내에는 출시되지 않은 '메이드 인 이탈리아'의 올리브색 드롱기 에스프레소 머신을요.

엄청난 배송비에 웃돈까지 줘서일까. 바라만 봐도 뿌듯했습니다. 식탁 가운데 놓고 신줏단지 모시듯 매일 닦고 광을 냈죠. 처음엔 스팀기로 라테도 만들어보고, 에스프레소도 마음껏 내렸습니다. 계절이 몇 번 지나자 애정이 식더군요. 일단 청소가 귀찮았습니다. 유럽에서 먼 길을 달려온 그 아이는 이제 서랍장을 거쳐 창고 신세가 됐습니다.

그 자리를 대신하고 있는 건 말때기 모양의 핸드 드립 기구와 종이 필터. 이 단순하고 싸고, 작은 기구는 몇 년째 묵묵히 모닝커피를 내립니다. 여행길에도 가방 한구석을 차지하는 필수품이 됐죠. 문득 궁금해졌습니다. 커피 핸드 드립은 어디서 시작됐을까.

핸드 드립 기구의 3대 회사는 하리오, 칼리타, 고노입니다. 모두 일본 브랜드지요. 역사는 그리 길지 않다고 합니다. 핸드 드립 방식은 1908년 독일의 주부 멜리타 벤츠가 양철컵 바닥에 구멍을 여러 개 뚫은 뒤 종이를 그 구멍에 대고 커피를 추출한 게 최초라고 전해집니다. 하지만 에스프레소 머신에 밀려 잊히고 있었죠. 엉뚱하게 이후 일본에서 꽃피우게 됐습니다. 다도(茶道) 문화가 발달한 일본에선 커피도 차처럼 천천히 내려 깔끔하고 담백하게 마시는 방식이 인기를 끌었고, 핸드 드립이 제격이었습니다. 기구 모양도 다르고, 필터도 종이·융·금속 등으로 다양하지요. 이들이 개발하고 발명한 기구들은 원두를 전 세계 집집마다 실어 나르는 커피 산업의 최고 발명품이 됐습니다.

핸드 드립의 매력은 간편한 것 외에도 또 있습니다. 에스프레소는 기계에서 균질한 커피 원액이 나오지만, 핸드 드립은 누가 내리느냐에 따라 전혀 다른 맛을 냅니다. 원두의 종류와 분쇄한 크기, 물의 온도와 커피 내리는 시간 등에 따라 개성이 드러나죠. 똑같은 커피 맛에 질린 사람들이 나만의 스페셜티 커피를 찾아 핸드 드립 커피 바를 찾는 것도 이런 이유에서입니다.

report

'싸구려 커피' 로부스타를 위한 변명
저렴한 커피 원두
로부스타, 정말 맛이 없을까

05

"캡슐 커피에도 로부스타 품종을 10% 섞었다고 하면 안 사게 돼. 같은 값이면 아라비카를 먹어야지!"
캡슐 커피를 고르던 한 친구가 이런 말을 하더군요. 아라비카는 비싸고 맛있는 것, 로부스타는 싸고 맛없는 것이라고. 그의 편견은 어디에서 왔을까요. 아라비카와 로부스타는 서로 다른 원두 품종입니다. 로부스타가 더 동글동글한 모양을 갖고 있고, 맛도 전혀 다르지요. 사람들은 커피의 품종을 따지기 시작하기 훨씬 전부터 편견을 갖고 있었습니다. 캔커피나 스틱 커피 회사들이 "아라비카 100%를 썼다"는 것을 내세워 광고한 게 소비자 인식에 큰 영향을 줬습니다. 실제 생두 거래 시장에서 아라비카 품종이 로부스타 품종보다 1.5~2배가량 비싸게 거래됩니다. 비싼 원두니까 맛도 좋을 것이라고 생각하게 된 거죠.
아라비카와 로부스타의 가격 차이는 왜 날까요. 로부스타는 아라비카 원두에 비해 병충해에 강하고, 따라서 생산성이 높습니다. 전 세계 커피 원두의 80~90%를 차지하는데, 주로 아프리카, 동남아시아 지역에서 많이 나죠. 베트남과 인도네시아 등이 주요 산지입니다. 아라비카는 병충해에 약하고, 재배할 때 손도 많이 간답니다. 생산량이 적으니, 가격이 비쌀 수밖에 없습니다.

1970년대까지는 로부스타에 대한 편견 자체가 없었답니다. 로부스타종은 1898년 벨기에령 콩고 지역에서 발견된 품종으로, 유럽인들이 식민지에 로부스타를 심기 시작하면서 대량으로 유통되기 시작했죠. 지금도 에스프레소의 본고장 이탈리아에서는 아라비카 100%로 만든 커피를 보기 어렵습니다. 로부스타와 적절히 블렌딩한 원두를 사용하죠.
로부스타는 '고마운' 품종이기도 합니다. 아라비카 농장에서 커피나무에 병충해가 생겼을 때, 로부스타종과 교배해 농장을 살린 경우도 많다고 합니다. 로부스타는 아라비카에 비해 당이 적고, 카페인이 많습니다. 단맛이 조금 적고, 쓴맛이 강한 편이지요.
무조건 맛없다고 여기는 건 잘못된 생각입니다. 신맛을 좋아한다면 아라비카 원두 쪽을, 구수하고 풍부하며 쓴맛을 즐긴다면 로부스타 원두를 추천합니다. 특히 크레마가 풍성하게 만들어지는 로부스타는 우유와 섞였을 때 최상의 맛을 낸다는 평가를 받습니다. 로부스타를 위한 마지막 변명 하나. 항산화 작용을 하는 물질인 '폴리페놀 성분'이 아라비카에 비해 많다는 것입니다. 값싸다고 무시받던 로부스타 커피, 알고 보니 노화를 더디게 하는 약이었는지도 모르겠습니다.

커피,
가을에 더 맛있는 이유
커피에도 제철이 있다고?

06

"요즘 제철이에요. 많이 마셔두세요."
'커피 덕후'인 지인이 이맘때면 잊지 않고 하는 당부입니다. 커피에 웬 제철 타령이냐는 사람도 있을 것 같습니다. 초가을 커피가 제철이라는 건 단지 아침저녁으로 기분 좋게 불어오는 선선한 바람과 파란 하늘 때문만은 아닙니다. 커피에도 정말 제철이라는 게 있습니다. 커피는 독특한 운명을 갖고 있습니다. 아무데서나 자라지 않지만, 자란 곳에서 수천 km 떨어진 곳에서 대부분 소비되기 때문이죠. 커피나무가 많이 자라는 아프리카 대륙과 인도, 중앙아메리카 산지는 대부분 12월부터 3월까지 커피를 수확합니다. 최고의 커피를 뽑는 경매인 '컵 오브 엑설런스(Cup of Excellence, COE)' 일정이 주로 봄여름에 몰리는 이유도 그래서입니다. 이렇게 좋은 품평을 받은 원두들은 5~6월에 배에 실려 약 한 달여가 지나 한국에 도착합니다. 로스터의 섬세한 손을 거쳐 신선하게 볶은 커피가 완전한 한 잔으로 나오는 시기가 지금입니다. 게다가 로스팅을 하기에 알맞은 습도와 온도 등 날씨 요인까지 갖춰져 그야말로 삼박자가 딱 맞는 셈입니다. 이런 햇커피 원두를 어떻게 맛볼 수 있느냐고요? 요즘 국가별 농장별 수확 시즌은 인터넷을 통해 COE 홈페이지나 각종 커피 옥션 공식 홈페이지에서 모두 확인할 수 있습니다. 국내에는 '다이렉트 트레이드'를 하는 커피리브레, 메쉬커피, 나무사이로, 프릳츠, 커피앳웍스 등이 있어 이들의 소셜네트워크서비스(SNS) 계정만 잘 팔로우해도 각 산지와 농장별 커피 입고 소식을 들을 수 있죠. 세계 최대 커피 바이어인 스타벅스도 리저브 매장을 통해 매달 가장 좋은 상태의 스페셜티 원두를 내놓습니다.
로스팅 전의 커피 원두가 신선한 기간은 약 1년. 수확 후 1년 안 된 생두는 '뉴 크롭'으로, 1년을 넘긴 건 '패스트 크롭'으로 불립니다. 그보다 더 오래 묵힌 것은 '올드 크롭'이라고 하지요. 커피도 와인처럼 그해 산지의 기후 등 다양한 변수에 의해 맛이 달라집니다.
만약 누군가 좋은 원두 찾는 법을 묻는다면 "무조건 많이 마셔보라"라고 말합니다. 그리고 바리스타에게 꼭 물어보세요. 이 커피는 어디에서 왔고, 어떤 사람이 재배했으며, 언제 수확한 것인지를요.
잘 로스팅된 원두를 구했다면? 잘 보관하는 일이 남습니다. 보통 로스팅한 뒤 2주 이내 마시는 게 가장 맛이 좋다고 하지요. 커피를 맛없게 하는 최대의 적인 산소를 차단하는 것도 잊지 마시고요.

report

언제는 커피를 보약으로 마셨나요?
커피는 발암물질, 항암물질?

07

"야, 담배 피울 때마다 사랑에 빠질 때랑 똑같은 호르몬이 나온대."
애연가인 선배를 걱정스러운 눈으로 볼 때마다 돌아오는 말은 늘 같았습니다. 어디서 저런 멋진 핑계를 찾았는지. 처음엔 "사랑 같은 소리 하네"라고 했지만 나중엔 그냥 믿기로 했습니다. 어차피 할 거라면 늘 사랑에 빠지는 것 같은 착각(?)을 하는 게 백번 나을 테니까. 커피도 그렇습니다. 한국인 1인당 연평균 소비량은 530잔. 카페인의 합법적 중독을 즐기는 사람이 늘면서 커피에 대한 각종 판타지도 늘었습니다. 항암효과, 각성 효과 등이 뛰어나다는 연구 결과가 자고 나면 하나씩 나왔죠. 실제 커피 속 폴리페놀은 항산화 작용이 뛰어나다는 연구 결과도 있습니다. 세계보건기구(WHO)가 2년 전 커피가 간암, 자궁내막암을 예방할 수 있다는 결과를 내놓은 적도 있었죠. 어쨌든 커피는 현대 사회에 없어선 안 될 '영혼의 영양제'가 된 게 사실입니다.
몇 년 전 커피업계를 긴장하게 한 소식이 있었습니다. 미국 캘리포니아 로스앤젤레스카운티 고등법원이 "모든 커피 제품에 발암 경고문을 부착해야 한다"라고 판결한 것입니다.
담뱃갑에 그려진 끔찍한 그림이 커피컵에도 그려진다니. 법원은 캘리포니아 소재 독성물질 교육조사위원회(CERT)가 90개 커피 회사를 상대로 낸 소송에서 원고 측 주장을 받아들였습니다. 스타벅스, 그린마운틴커피 로스터스 등 미국 유명 커피 제조 회사가 대부분 포함돼 있죠. 지역 사람들에게 200여만 원의 배상금을 지급해야 하는 소송도 남아 있다고 합니다. 그 소송에서 문제가 된 물질은 아크릴아미드(Acrylamide)입니다. 커피를 볶는 과정에서 발생하는 화학물질인데요, 색도 없고, 향도 없습니다. 탄수화물 함량이 높고 단백질이 낮은 식물성 식품을 120℃ 이상 고온으로 가열할 때 발생해 감자튀김, 비스킷 등에도 많이 있다고 합니다. 커피를 마시는 사람보다는 정작 커피를 볶는 로스터들이 원두 제조 과정에서 냄새를 직접 맡아보며 이 물질을 흡입하는 경우가 태반입니다.
커피 판결을 두고 반대 의견도 많습니다. 다수는 "유해하지 않다"라고 보고 있습니다. 식품의약품안전처는 "식품을 통한 아크릴아미드 섭취는 그 양이 미미해 암에 걸릴 가능성은 낮은 것으로 여겨진다"라며 "커피는 안전한 수준"이라고 밝혔습니다. 고온 조리 시에만 발생하는 물질이기 때문에 하루 커피를 3~4잔 이상 마시는 것이 아니라면 무해하다는 게 전문가들의 중론입니다.
"우리가 언제는 커피를 보약으로 마셨나요?"

카페인과 니코틴, 그 환상의 '케미'
커피와 담배

08

연초에 한 다짐 중 가장 많이 결심하고, 가장 많이 무너지는 그것. 담배겠지요. 여기저기서 "내년엔 진짜 끊을 거야" 하고 외칩니다. 혹시 다시 손을 댄다면 누군가 '날 좀 말려줬으면' 하는 심정으로. 담배의 환상의 짝꿍은 아마도 커피일 겁니다. 자판기 커피 한 잔 들고 담배를 피우는 것이 한때 직장인의 일상이던 때가 있었습니다. 지금 카페는 청춘들이 공부하러 가는 곳이 됐지만, 담배를 태우러 가는 곳이기도 했지요. 한 손에 커피, 한 손에 담배를 동시에 들고 괜히 심각한 표정을 짓는 게 낭만이던 시절은 사실 그리 오래되지 않았습니다.

낭만이고 뭐고. 요즘 흡연자들이 살기 힘들어진 세상인 건 분명합니다. 새해 금연을 결심한 분들께 한 가지 우울한 팁이 있습니다. 금연에 성공하려면 커피까지 잠시 줄여야 한다는 것. 대한가정의학회의 한 연구에 따르면 커피를 마시면 실제 금연 성공률이 낮아진다고 합니다. 커피를 하루 한 잔 미만 마시는 사람에 비해 하루 1~3잔 마시는 사람의 금연 성공률은 절반이었습니다. 과학적 이유도 있습니다. 커피의 주성분인 카페인(Caffeine)과 담배의 니코틴(Nicotine)은 모두 끝이 '인(~ine)'으로 끝납니다. 화학구조가 질소 원자를 포함하는 알칼로이드 계열인데, 이 화합물은 고대부터 의약품 마약 주술 행위 등에 쓰였다고 하지요. 신경전달물질과 구조가 비슷해 뇌에 직접 영향을 끼치는 물질이라는 뜻입니다. 그렇다 보니 카페인과 니코틴을 동시에 섭취하면 상승작용이 일어납니다. 커피 마시면 담배 생각이 나고, 담배 피우면 커피 생각이 나는 게 당연한 이치.

골치 아픈 해설이 아니더라도 커피와 담배의 우정은 영화에서도 드러납니다. 짐 자무시 감독은 17년간 틈틈이 커피와 담배를 소재로 단편을 찍어 영화 <커피와 담배>를 만들었지요.

뭔가 어색한 상황이 생길 때마다 커피와 담배가 툭툭 등장합니다. 인상적인 대사도 나옵니다.
"담배를 끊는 가장 큰 이유는 다시 피울 때의 즐거움을 위해서다!"
아, 커피와 담배를 동시에 못 끊겠다는 사람들을 위한 아이템도 등장했습니다. '피우는 커피' 브라이프(Bripe). 한 미국 회사가 아웃도어 마니아를 위해 '작고 가벼운 휴대용 커피 머신'이라며 개발했답니다. 옛 담배 파이프처럼 생긴 기구에 커피 가루 5~7g을 넣고 물을 살짝 부은 뒤 라이터로 바닥을 가열하는 방식. 끓으면 파이프에 달린 빨대를 쭉 흡입하면 됩니다. 커피와 담배의 '짬짜면' 버전이랄까요.

report

커피 원두 등급은
누가, 어떻게 매길까
'커피 감정사' 커퍼

09

커피 원두를 평가해 등급을 매기는 사람들을 '커퍼(Cupper)'라고 합니다. 전 세계 원두 산지에 흩어져 있는 이들은 그해에 수확한 원두를 가장 먼저 접하고, 시장에서 어느 정도 가치가 있는지 평가합니다. 얼마 전 페루에서 온 커퍼로부터 수업을 받았습니다.

커핑 테이블에는 세 종류의 원두가 각각 5개의 잔에 담겨 있었습니다. 다섯 단계에 걸쳐 평가가 이뤄지는데, 그때마다 새로운 컵에 담긴 커피로 첫 단계부터 반복해야 하기 때문이라네요.

첫 단계는 분쇄된 원두의 향을 맡는 것입니다. 잔마다 8.5g의 커피 원두를 담습니다. 잔 안으로 코를 깊이 집어넣고 향을 맡습니다. 마른 커피의 향을 평가하는 것이지요. 짧게 '킁킁, 킁킁' 하면서 맡는 사람도 있고, 숨을 깊게 들이마시는 사람도 있습니다.

두 번째 단계는 물을 부어 '아로마(Aroma)'를 점검합니다. 잔마다 11mg의 물이 적당하답니다. 물의 온도는 92~96℃. 이 단계에서 꽃향기, 벌꿀 향, 너트 향, 캐러멜, 유칼립투스 등 맡을 수 있는 향들을 상세하게 기록했습니다.

세 번째는 커피잔의 물 표면을 쪼개는 '브레이킹(Braking)' 단계입니다. 물을 붓고 3~4분이 지나면 분쇄된 커피 원두가 물의 표면으로 떠오릅니다. 이때 스푼으로 표면을 살짝 서너 번 동그랗게 저어줍니다. 표면이 흐트러지면서 순간 치고 올라오는 강한 향을 맡아보는 것. 초보라서 그런지, 감각이 둔해서인지 2단계와 3단계에서는 큰 차이를 느끼지 못했습니다.

다음 단계는 거품을 걷어내는 '스키밍(Skimming)'입니다. 스푼 2개를 양손에 쥐고 '크러스트'라 불리는 표면 부유물을 걷어냅니다. 커피를 맛보기 위해 하는 작업인데, 이게 참 어렵더군요. 한 번에 걷어내지 못해 전문가의 도움을 받았습니다.

마지막 단계로는 커피를 후루룩 소리 내며 들이마시는 '슬러핑(Slurping)'입니다. 이 단계는 70℃ 정도로 식은 커피를 순간적으로 흡입해 맛과 향을 느끼는 작업이랍니다. 입안에 커피를 '후루룩' 재빠르게 흡입하는 과정에서 치아 사이로 통과한 미세한 커피 입자가 혀와 입안에 골고루 퍼지게 하는 것이지요. 입안에 살짝 머금기도 하는데, 이 과정에서는 실제 마시지 않고 뱉는 커퍼도 많답니다. 마실 때 나는 맛과 뱉을 때 나는 맛이 다른데요, 슬러핑을 할 때는 꽤나 거친 소리가 납니다. 이렇게 슬러핑하는 이유는 공기 끝에서 나는 맛, 커피가 부스러지면서 나는 향을 코끝으로 더 미세하게 확인하기 위해서라네요.

게이샤는 일본 커피 아닌가요?
가장 몸값이 비싼 커피 '파나마 에스메랄다 게이샤'

10

"오늘 뭐가 신선해요?"
횟집에서 하는 말이 아닙니다. 스페셜티 커피를 즐기는 사람들이 단골 카페에서 바리스타에게 건네는 첫말입니다. 자, 그다음엔 정신을 바짝 차려야 합니다. 브라질 옐로 버번, 과테말라 안티구아 라글로리아. 알 수 없는 말들이 쏟아져 나오니까요. 스페셜티 커피는 말 그대로 특별한 커피입니다. 미국스페셜티커피협회(SCAA) 평가 기준으로 100점 만점에 80점 이상을 받은 고품질 커피지요. 와인처럼 원산지와 농장에 따라 나뉘고, 맛과 향도 천차만별입니다. 스페셜티 커피 종류는 몇 개나 될까요. 수천 개, 수만 개라고 합니다. 죽을 때까지 다 마셔도 못 마실 거라는 말이 있을 정도지요.
이탈리아 커피 방식으로 에스프레소를 진하게 내린 뒤 물을 타서 마시는 아메리카노. 온 국민이 '아메리~'로 대동단결했던 커피 시장은 이제 다양성을 즐기는 스페셜티로 옮겨가고 있습니다. 스페셜티 커피를 잘 모르는 사람도 한 번쯤 들어봤을 만한 커피, 바로 '파나마 에스메랄다 게이샤'입니다. 듣는 순간 잊어버리기 쉽지 않습니다. 게이샤라는 단어도, 에스메랄다라는 단어도 뭔가 아름다운 것을 한데 모은 듯한 느낌이랄까.

게이샤는 커피 품종 중 하나입니다. 일본산으로 오해하는 사람이 많지만 1931년 에티오피아 서남쪽 게차(Gecha)라는 숲에서 발견돼 영어식으로 게이샤가 됐지요. 병충해에 강해 파나마 지역에서 꽃피웠다고 합니다. 게이샤는 아무나 살 수 없습니다. 커피 원두 온라인 경매를 통해 팔리기 때문에 생두 가격이 가장 비싼 커피 순위에 항상 맨 위에 있지요. 2018년 전년보다 두 배 이상 올라 kg당 750달러에 거래됐다고 합니다. 매년 최고가를 갱신하며 한 잔에 1만5000원에서 2만 원에 팔립니다.
'가장 몸값이 비싼 커피'가 된 이유는 단지 희소성 때문이 아닙니다. 한 모금만으로도 터져나오는 꽃향기와 각종 과일 향, 여운을 생각하면 '아깝지 않다'는 탄성이 나오지요.

국내
트렌드

커피가 없었다면
바흐와 브람스도 없었다
예술가를 깨운 세 글자, 카페인

"모닝커피가 없으면 나는 그저 말린 염소 고기에 불과하다."
종교음악의 아버지, 요한 제바스티안 바흐가 남긴 말입니다. 그는 '커피의 아버지'라고도 불립니다. 작곡할 때 늘 커피가 옆에 있었고, 1732년엔 '커피 칸타타'로 알려진 칸타타 BMV211을 작곡하기도 했습니다. 커피를 끊지 않으면 약혼자와 결혼을 못 하게 하겠다는 아버지의 최후통첩을 받은 딸이 혼인서약서에 '커피 자유 섭취 보장'이라는 조항을 끼워 넣는다는 희극입니다.
독일 작곡가 요하네스 브람스도 새벽에 눈뜨자마자 담배와 악보, 그리고 커피 기구를 찾았다고 합니다. 생에 단 한 번도 자신의 커피를 남의 손에 맡긴 적이 없었다는 기록도 있습니다. 커피는 1600년 넘게 인류와 함께해온 각성제입니다. 커피의 각성 효과가 프랑스혁명을 이끌어냈다는 주장도 있고, 수도원 신부님들의 밤샘 기도를 도와 종교 발전에 큰 역할을 했다는 이야기도 있습니다.
그런 커피의 각성 효과를 과감하게 빼버린 '디카페인 커피'는 요즘 많은 카페에서 만날 수 있습니다. 국내 커피 전문점 중에선 스타벅스가 최초로 몇 년 전 전국 매장에 디카페인 커피를 내놓았습니다. 유럽, 미국, 일본에선 이미 오래전 대중화됐는데 국내에는 식품의약품안전처 기준에 맞추느라 조금 늦게 상륙했습니다.
그 덕에 카페는 요즘 밤에도 북적이는 모습을 쉽게 볼 수 있습니다.
사실 디카페인 커피의 역사도 꽤 오래됐습니다. 독일의 상인 루트비히 로젤리우스는 커피 시음가이던 아버지가 일찍 세상을 떠난 원인이 카페인이라 여기고, 1906년 카페인 제거 기술을 개발했습니다. 생두를 증기로 가열한 뒤 벤젠 용액을 이용해 카페인을 빼내는 방식이었습니다.
"잠 깨려고 먹는데, 카페인 없는 커피를 누가 먹냐" 혹은 "임산부가 먹는 거 아니냐"라고 할지 모르겠습니다. 하지만 정작 디카페인 커피에 환호하는 건 커피 사랑이 지나쳐 뜬눈으로 밤을 지새워야 했던 '커피 중독자'들이라고 합니다. 카페인에 민감하다고 디카페인 커피를 5잔 이상 물처럼 마시는 건 위험합니다. 디카페인은 카페인이 아예 제거된 게 아니라 97% 이상 제거된 것을 뜻하기 때문입니다. 디카페인 커피 5잔은 일반 커피 1잔을 마신 것과 비슷한 효과를 낸다고 합니다. 원두 자체에 카페인 함량이 적은 품종도 있습니다. 예멘 모카 마카리, 에티오피아 시다모 계열은 일반 아라비카 원두보다도 40~50% 정도 카페인 함량이 적다는군요.

report

'40초 커피' 로봇, 바리스타 대체할까
로봇 바리스타의 커피

12

영화 <그녀(Her)>에서 주인공 테오도르는 대필 작가입니다. 인공지능이 일상화된 미래에 남의 속마음을 손 편지로 전하는 직업이지요. 정작 그는 사람과의 관계에 지쳐 있습니다. 지루한 삶 속에 들어온 건 물리적 실체가 없는 인공지능 운영체계(OS), 사만다. 그는 목소리만 있는 그녀와 사랑에 빠집니다. 영화 속엔 아날로그와 디지털이 묘하게 뒤섞여 있습니다. 어떤 장면만 놓고 보면 오래된 1960~1970년대 영화 같습니다. 주인공이 쓰고 있는 두꺼운 안경과 촌스러운 스웨터, 벙벙한 바지, 나무로 된 책상, 우쿨렐레 등이 그렇습니다. 감독은 어쩌면 그 먼 미래에도 '인간이 기계에 내주지 않았으면 하는 것들'을 이야기하고 싶었는지도 모르겠습니다.

커피도 그중 하나입니다. 테오도르와 직장 동료들은 커피를 꼭 핸드 드립으로 내려 마십니다. 인공지능과 사랑에 빠지는 그런 시대에 말이죠. 5년 전 개봉한 이 영화가 갑자기 생각난 건 로봇 바리스타 때문입니다. 미국 샌프란시스코에 있는 '카페 엑스 테크놀러지스'에서는 로봇팔이 전문 바리스타 수준으로 커피를 제조하고 있습니다. 키오스크에 있는 터치스크린을 눌러 원하는 커피의 종류와 우유, 토핑을 선택하거나 앱으로 주문하면 로봇이 알아서 커피를 내줍니다. 주문에서 제조까지 걸리는 시간은 22~55초. 완성된 커피도 로봇 팔이 전해줍니다. 한 시간에 100~120잔을 만들 수 있다나. 국내에도 '로봇 바리스타'가 등장했습니다. 다관절 로봇을 이용해 최상의 커피 맛을 내도록 설계됐는데, 40~47초면 커피 한 잔을 만들 수 있다고 하지요. 한 중소기업이 제조했다고 합니다.

로봇이 정말 커피 로스터와 바리스타를 대신할 수 있을까요. (로봇을 개발한 과학자에게는 미안한 일이지만) 오히려 그 반대로 가고 있는 것 같습니다. 바리스타의 일은 결국 사람이 감각과 지식으로 하는 일이기 때문입니다. 요즘 생겨나고 있는 스페셜티 커피 바를 가보면 알 수 있습니다. 원두가 갖고 있는 제각각의 스토리, 로스팅 시간에 따라 달라지는 커피의 맛, 추출 기구 때문에 생겨나는 미묘한 맛의 차이까지…. 국내에서도 대형 커피 전문점과 수많은 로스터리바가 바리스타 중심의 새로운 커피 문화를 만들어가고 있지요. 왜 이렇게 복잡하게 커피를 마셔야 하느냐고 묻는 사람에겐 "같은 커피라면 다르게 마셔보라"라고 말하고 싶습니다. 20년째 핸드 로스팅을 고집하는 을지로의 한 바리스타에게 물었습니다. 로스팅의 비법이 뭐냐고. 그의 답은 이렇습니다. "답 없어. 그냥 손이 알 때까지 볶는 거야."

커피 한 잔 값 더 낼게요…
삶이 힘든 누군가를 위해
맡겨둔 커피

13

아직도 'N차 관람'을 하는 이가 많은 드라마 <나의 아저씨>. "묵묵히 하루를 살아가는 사람들의 삶 속에서 응원과 희망을 얻었다"라며 지칠 때 한 번씩 재관람을 하는 사람들이 적지 않죠. 대한민국의 평범한 사람이라면 최소 한두 장면은 "저거 내 얘기 아닌가" 하는 공감을 이끌어낸 작품이었습니다.

<나의 아저씨> 속에서 이지안(아이유)은 세상 시름을 다 안고 살아가는 20대 초반의 소녀 가장입니다. 낮에는 건설회사 파견직 근로자, 밤에는 식당 아르바이트를 하며 몸이 불편한 할머니를 홀로 돌보며 사는 캐릭터. 돌아가신 어머니가 남긴 빚을 갚기 위해 무표정한 얼굴로 하루를 버티는 이지안을 보고 있으면 쓸쓸하고 우울해집니다. 그런 그녀의 하루 중에도 유일하게 편안한 얼굴을 볼 수 있는 때가 있었으니, 지친 몸을 이끌고 집에 돌아와 커피믹스 세 봉지를 한꺼번에 넣고 타 마시는 그 시간. "사는 게 지옥이고, 환생까지 합하면 한 3만 년은 산 것 같다"라고 여기는 이지안에게 커피는 그렇게 영양제이자 위로이며, 휴식 그 자체가 됩니다.

이지안의 커피를 보며 생각했습니다. 어쩌면 커피는 브랜드와 원두, 만드는 기기와 값을 다 떠나 한 잔 그 자체로 삶의 위로가 될 수 있다는 것을.

문득 커피의 이런 가치를 더 끌어올리는 '맡겨둔 커피(Suspended Coffee)' 운동도 떠올랐습니다. 돈이 없어 커피를 사 먹지 못하는 노숙자나 불우이웃을 위해 미리 돈을 지급하고 카페에 맡겨두는 커피 운동.

100년 전 이탈리아 남부 나폴리 지방에서 '카페 소스페소(caffé Sospeso)'라는 이름으로 시작된 전통이랍니다. 한때 사라졌다가 2010년 이탈리아에서 '서스펜디드 커피 네트워크'라는 조직이 결성돼 부활했다고 하네요. 지금은 미국, 영국, 호주, 캐나다 등 세계 전역으로 번졌습니다.

'맡겨둔 커피'는 내가 마실 커피를 한 잔 사면서 "맡겨두는 커피 두 잔을 포함해달라"고 말하며 미리 값을 치르는 방식입니다. 해외에선 커피를 넘어 샌드위치 등 간편한 식사로까지 확대되고 있습니다. 국내에서도 몇 년 전부터 착한 커피 운동이 알려지기 시작했지만 아직 널리 퍼지진 않은 것 같습니다. 국내 커피 시장 규모는 10조 원. 원두 수입량 세계 7위, 카페 수는 10만 개라는 기록이 있습니다. 만약 이 운동이 정착되면 좋은 기부 문화가 될 수 있지 않을까 생각합니다. 악용할 것이 걱정된다는 사람도 있지만 꼭 불우이웃이 아니면 어떤가요. 삶이 힘든 누군가에게 작은 위로가 될 수 있다면 괜찮지 않을까요.

report

밥 잘 지으면
커피도 잘 내린다?
맛과 향 살린 커피 내리는 팁

"밥 잘 지어요?"
한 커피 장인에게 어떻게 하면 핸드 드립 커피를 잘 내릴 수 있느냐고 묻자 돌아온 답입니다.
"밥은 우리집 전기밥솥이 잘 지어요"라고 말하고 싶은 것을 꾹 참고 "잘 짓는 편"이라고 했습니다. 그는 곧 커피 원두를 곱게 갈아 함께 내려보자고 했습니다. 아마추어와 장인의 커피 대결이 시작된 거죠. 결론부터 말하자면, 그날 제가 이겼습니다. 5명의 평가단이 만장일치로 낸 결론이었습니다. 그저 따라 했을 뿐인데 장인의 그것보다 더 많은 향과 맛을 지닌 커피를 내리다니. 그날 배운 단순하고 명쾌한 커피 내리는 네 가지 팁을 나누고자 합니다.

14

❶ 30초간 물에 불려라

밥 지을 때 쌀을 물에 불리듯, 잘 갈린 원두는 커피를 내리기 전 물에 불려야 합니다. 가는 물줄기를 시계 방향으로 돌려가며 아주 천천히 적시고 30초간 기다립니다. 이유는 단순합니다. 원두는 뜨거운 열을 가해 볶는데, 이때 원두 안에 가스가 가득 차게 됩니다. 그래서 로스팅을 끝낸 지 3~4일 후에 가스가 어느 정도 빠져나간 원두가 가장 맛있다고들 하죠. 같은 이유로 물에 불리는 30초 안에 불필요한 가스가 방출됩니다. 30초를 넘어가면 커피의 향과 맛이 날아가 버리기 때문에 곧바로 추출로 이어져야 합니다.

❷ 물 온도는 90℃에 맞춰라

가마솥에 밥을 지을 때 불 조절을 잘 해야 하는 것처럼, 커피 내리는 물도 온도가 맛을 크게 좌우합니다. 온도가 낮으면 신맛이 강해지고, 너무 뜨거운 물로 내리면 쓴맛이 강해지기 때문에 90~95℃ 정도로 살짝 식힌 물이 가장 좋답니다.

❸ 2분 30초 안에 추출을 끝내라

커피를 추출할 때 두세 번에 나눠 시계 방향으로 물을 돌려 붓는 과정은 2분 30초를 넘기지 말아야 합니다. 처음에는 추출하고자 하는 양의 30%, 두 번째는 60~70% 정도. 신선한 원두는 추출할 때 둥그런 빵처럼 부풀어 오릅니다. 끝까지 빵 모양을 살리면서 커피를 내리는 게 중요합니다.
종이 필터에 물이 직접 닿지 않도록 하세요. 커피 원두 입자 사이사이를 물이 흐르며 커피 맛을 끌고 내려오는데, 종이에 부으면 물만 빠져나오게 됩니다. 추출 시간이 길어지면 잡맛이 섞여 나옵니다.

❹ 아이스커피는 얼음 위에 커피를 내려라

진정한 커피 마니아는 한여름에도 따뜻한 커피를 즐긴다지만 폭염에는 쉽지 않습니다. 핸드 드립 아이스커피는 커피를 받는 서버 잔에 미리 얼음을 넣어놓고 그 위에 한 방울씩 커피를 내려야 합니다. 얼음과 닿는 순간마다 커피의 향과 맛이 가둬지기 때문이죠.

---

* 1~4번을 완성하려면 두 가지가 필요합니다. 신선하고 잘 볶은 원두, 그리고 매일 한 잔씩 커피를 내려보는 노력.

report

스타벅스 리저브 매장마다 커피 기계 다르다는데…
스타벅스의 비밀

15

스타벅스가 한국에 진출한 지 20년이 넘었습니다. 사람으로 치면 성인이 됐지요. 커피 맛 좀 안다고 하는 사람들이나, 무조건 남들과 다른 걸 좋는 사람들은 "난 요즘 스타벅스는 안 간다"라고도 말합니다. 하지만 20년의 세월이 그냥 지나간 것은 아니지요. 한국에서 스타벅스는 하나의 문화 코드가 됐습니다. 아메리카노를 대중화한 것, 카페라는 공간을 모두에게 열려 있는 공간으로 재정의한 것, 아이돌 팬클럽만큼이나 충성스러운 스타벅스 팬들을 만들어낸 것이 근거입니다.
진짜 스타벅스 마니아라면 알아야 할 게 있습니다. 스타벅스 프리미엄 매장인 리저브(R) 매장마다 다른 기기들이 있다는 겁니다. 1700여 개 매장 중에 R매장은 81개 점. 제대로 커피 맛을 즐기려면 기기마다 어떻게 다른 맛을 내는지 아는 게 좋습니다.
110년 전통의 최상급 에스프레소 머신 '블랙 이글'. 빅토리아 아루두이노사의 기기로 월드 바리스타 챔피언십에 사용되는 공식 에스프레소 머신이기도 합니다. 무게 기반 추출로 분쇄된 원두를 균일하게 다듬고, 물 온도를 보정해주기 때문에 최고 품질의 에스프레소 샷을 즐길 때 좋습니다. 카페 아메리카노, 카페라테, 카푸치노에 어울리지요.
좀 더 특이한 모양을 한 클로버 머신도 스타벅스 R점에서 만날 수 있습니다. 커피가 지닌 풍미를 그대로 살리는 추출 방법으로 특허받은 진공 압착 기술을 사용하지요. 물을 붓고 기기를 내려 압력을 가하는 프렌치 프레스의 더 진화된 버전이라고 할 수 있습니다. 분쇄된 커피가 물에 우러나면 필터가 올라가며 진공 상태가 생성돼 물이 커피를 통과해 빠른 속도로 빨려 나오게 됩니다. 커피를 걸러내는 70㎛(100만분의 1m)의 메탈 필터는 커피 침전물이 잔으로 떨어지는 것을 막아 부드러운 질감을 살리되 강렬한 풍미를 보존해줍니다. 클로버 머신으로 내린 커피는 원두 본연의 강렬한 맛을 즐기는 사람에게 좋습니다.
기계보다 아날로그가 좋은 사람이라면 바리스타의 손길을 믿어보길 추천합니다. 진공상태에서 물을 가열해 커피의 모든 성분을 추출하는 '사이펀', 드리퍼에 물줄기를 떨어뜨려 내려주는 '푸어 오버', 일체형 호리병 모양에 커피 향까지 가둬 내려주는 '케멕스'까지 고를 수 있습니다.

5g 캡슐커피·AI가 만든 라테
발명가들이 이끈 커피의 진화

10월 1일은 커피의 날입니다. 국제커피기구(ICO)가 2015년 지정했습니다. 커피 농부들의 노고와 공정무역 커피의 가치를 알리는 게 목적입니다. 커피처럼 재배하기 까다로운 작물도 없습니다. 커피 벨트로 불리는 적도 남쪽 아열대 지역에서 자라고, 고도는 800~2000m여야 합니다.
비도 적당히 맞고, 일조량도 연간 2000시간이 필요한 작물. 이렇게 자란 커피가 세계인의 음료가 된 것은 뛰어난 발명가들 덕분입니다.
커피의 역사는 기기의 역사이기도 합니다. 에스프레소 기기, 프렌치 프레스, 로스터기 등 커피의 긴 역사만큼이나 많은 혁신이 있었지요.
이 중 집에서도 누구나 뛰어난 맛의 커피를 마실 수 있게 한 두 가지를 꼽으라면?
캡슐커피와 전자동 기기일 겁니다.
캡슐커피는 43년 전 시작됐습니다. 네슬레가 1976년 네스프레소라는 이름으로 5g의 분쇄커피를 캡슐에 담아 40ml의 에스프레소를 추출하고자 했죠. 이 기술은 당시 비웃음을 사기도 했습니다. 일정하지 않은 양이 추출되거나 맛이 없었기 대문이죠. 하지만 네슬레는 멈추지 않았습니다.
그리고 2000년 제대로 맛을 내는 네스프레소 기기를 개발하는 데 성공했습니다. "5g으로도 완벽한 커피를 만들 수 있다"라는 자신들의 말을 현실로 이루고 세계 커피 시장을 흔들었습니다.
이후 커피의 양을 10g으로 늘린 돌체구스토도 내놨습니다. 작은 캡슐 하나로 다양한 맛을 구현하는 캡슐커피는 시장의 성장을 이끌었습니다. 지금은 특허 기간이 만료돼 스타벅스 등 글로벌 브랜드는 물론 국내 카페들도 캡슐커피를 내놓고 있습니다.
또 다른 회사는 전자동 커피 기기 세계 1위의 기술력을 가진 유라(Jura)입니다. 유라는 88년 전 스위스에서 독일 엔지니어와 프랑스 디자이너가 설립한 가전회사입니다. 유라는 1990년대부터 전자동 에스프레소 기기로 독보적인 명성을 얻기 시작했습니다. 지금은 프리미엄 전자동 커피 기기 시장의 60% 이상을 점유하고 있지요.
200만 원에서 1400만 원대 고가 제품이지만 국내에선 GS25 편의점에서 최고 성능의 유라 제품을 쉽게 만날 수 있습니다.
이런 발명가들 덕에 아침에 눈을 떠 앱(응용프로그램)을 켜고 우유 거품의 양과 커피 농도까지 손가락 몇 번으로 맞추면 완벽한 나만의 커피를 즐길 수 있답니다.

세계
트렌드

터키에서 커피 마시다
□을 봤습니다
터키 커피

17

제목의 □는 뭘까요. 정답은 점(占)입니다. 유럽과 아시아를 잇는 터키는 지리적 영향 때문인지 음식 문화의 대국이기도 합니다. 우리에게 조금 낯선 터키의 커피 문화에 대해 이야기해보려고 합니다. 동양과 서양을 다리 하나로 잇고 있는 도시 이스탄불. 몇 년 전 그곳을 여행할 때였습니다. 유럽과 이슬람 문화가 섞여 있는 그곳은 이상하게도 낯설지가 않았습니다. 무엇보다 잘 맞았던 건 음식. 한국인의 입맛을 '저격'하는 듯한 육·해·공의 향연에 미각이 마냥 즐거웠습니다. 그 와중에 고개를 갸우뚱하게 하는 두 가지가 있었는데, 술과 커피였습니다. 터키 '아재'들이 저녁 밥상에 꼭 올려놓고 한 잔씩 먹는 라키(Raki)라는 전통술은 투명한 원액에 물을 부어 하얗게 변하면 마시는 술입니다. 맛은 못 봤습니다. 향이 마치 싸구려 방향제 같아서 도저히 입안으로 들여보낼 수 없었습니다.

다음은 커피입니다. 당시 이스탄불에는 스타벅스 같은 커피점이 없었습니다. 카페에서 '터키 커피'만 팔았죠. 에스프레소보다 양은 조금 많지만 에스프레소는 아니고, 맛은 약간 텁텁한데 먹고 나면 바닥에 커피 가루가 진흙처럼 남아 영 찝찝했죠. 오만상을 찌푸리고 있는 제게 카페 여주인이 다가와 갑자기 잔을 획 뒤집었습니다. 잔에 남아 있던 커피 가루가 받침으로 질질 흘러나왔죠. 순간 '내가 뭘 잘못했나' 싶었습니다. 여주인은 알아듣지 못하는 터키어로 계속 말을 했습니다. 터키 친구가 해석해주는 말을 듣고 경악했습니다. "딴생각 말고 지금 하는 거나 열심히 해. 결혼은 서른셋쯤 할 거니까 서두르지 말라고." 주변을 돌아봤습니다. 모두들 잔을 뒤집어 보면서 "넌 오늘 재수가 안 좋다", "이 정도면 괜찮다" 등 이야기를 나누고 있었습니다. 커피 점(占)을 치고 있는 거였죠. 터키 사람들은 커피를 마시고 난 뒤 잔을 뒤집어 점을 치는 게 전통이라네요.

터키식 커피 추출법은 세계에서 가장 오래된 방법이라고 합니다. 원두를 밀가루 정도의 입자로 곱게 갈아서 '체즈베(뚜껑 없이 손잡이만 있는 계량컵 모양의 추출기)'나 '이브릭(주전자처럼 생긴 포트)'이라는 추출 기구에 찬물과 섞어 담고 불 위에 올립니다.

체즈베로 커피 내리는 법을 배워봤습니다. 커피 물을 불 위에 올리고 거품이 올라오면 두어 번 내렸다 올렸다 반복하면 되더군요. 화력 조절이 어려웠죠. 센 불에 하면 금방 끓어올라 커피 맛이 덜하고, 약한 불에 하면 쓴맛이 강해진다나. 아무리 연습해도 쉽지 않은 그 맛, 가끔 그립습니다.

report

베트남 사람들은 왜 커피에 연유를 탈까
베트남 커피 '까페 스어 다'

찜통더위가 기승인 날이나 정신없이 바쁜 하루를 보내 녹초가 된 오후. 이런 날 생각나는 커피 한 잔이 있습니다. 베트남에서 마시는 연유 커피 '까페 스어 다(cà phê sữa đà)'입니다.

단맛을 별로 좋아하지 않아 그동안 베트남 커피는 쌀국숫집 후식으로 한두 번 접해본 게 다였는데요, 몇 해 전 여름휴가로 베트남 중부 지역을 다녀온 뒤 왜 연유 커피가 '국민 커피'가 됐는지 알게 됐습니다. 36℃의 높은 기온, 5분만 걸어도 옷이 흠뻑 젖어버리는 상황에서 마시는 '달콤쌉쌀'한 까페 스어 다는 세포를 깨우는 마법 같은 한 잔이었습니다.

베트남은 브라질에 이은 세계 2위 커피 생산국입니다. 콜롬비아, 에티오피아, 인도네시아를 훨씬 앞서는 커피 대국이지요. 역사는 그리 길지 않습니다. 프랑스 식민지이던 1857년, 프랑스 사제가 커피를 처음 들여왔습니다. 지금은 커피 재배 인구만 100만 명을 훌쩍 넘어섰지요. 전 세계에서 베트남처럼 빠른 속도로 커피 농업이 발전한 나라는 없다고 합니다. 로부스타 품종이 80%라 중남미와 아프리카의 아라비카보다 품질은 떨어지지만, 그 나름대로 매력이 있습니다. 특히 한국과는 떼려야 뗄 수 없는 관계죠. 커피 시장을 장악한 커피믹스에 베트남산 로부스타종이 많이 쓰이기 때문인데요, 우리나라의 베트남 커피 수입량은 한 해 2억~3억 톤입니다. 그래서 베트남 사람들이 "한국의 커피 문화에 큰 기여를 했다"라고 말합니다.

베트남 사람들은 왜 커피에 연유를 섞었을까요. 19세기엔 신선한 우유를 구하기가 어려웠기 때문이랍니다. 적은 양의 우유에 설탕을 넣고 끓여 만든 연유는 유통기한이 1년 정도로 깁니다. 100여 년이 지나며 베트남 커피 문화는 독창적이고, 소박하게 진화하고 있습니다. 연유 커피 외에도 코코넛 밀크 스무디를 올려주는 코코넛 커피 '까페 즈아(cà phê dừa)', 에그 커피와 소금 커피 등도 만날 수 있습니다. 커피 본연의 맛을 느끼고 싶다면 원액만 나오는 '까페 다(cà phê đà)'를 주문하면 되지요.

베트남의 스타벅스라고 불리는 '하이랜드커피', 공산국가 시절의 향수를 불러일으키는 '콩카페' 등이 새로운 물결을 만들어내고 있습니다. 커피 가격도 1000~2500원 선. 커피만큼은 식민의 역사를 되풀이하고 싶지 않아서일까요. 베트남에선 글로벌 회사들도 맥을 못 추고 있습니다. 호주 글로리아 진스는 진출 10년 만에 철수했고, 스타벅스도 2013년부터 지금까지 호찌민과 하노이에 70여 개 지점을 여는 데 그쳤습니다.

호주의 '커피 부심'
플랫 화이트에 스타벅스도 백기
롱블랙, 숏블랙, 플랫 화이트

19

캥거루와 코알라, 청정 자연. 호주를 이야기할 때 빠지지 않는 것들입니다. 이제 하나를 더 추가해야 할 것 같습니다. 커피입니다. 몇 년 전부터 카페마다 새로운 메뉴판을 내건 곳이 많아졌습니다. 롱블랙, 숏블랙, 플랫 화이트. 카페라테와 카푸치노도 헷갈리는데 이건 또 무슨 외계어냐고 하는 분들도 있죠. 모두 호주에서 시작한 커피 메뉴입니다.

호주 커피는 스타벅스 때문에 더 널리 알려지기 시작했습니다. 세계 75개국에 '커피 제국'을 세우고 있는 스타벅스가 2008년 호주 진출 8년 만에 전면 철수하면서입니다. 당시 손실액만 1억4300만 호주달러(약 1300억 원)에 달했지요. 승승장구하던 스타벅스를 무릎 꿇게 한 호주 커피의 힘은 무엇이었을까요.

1950년, 제2차 세계대전 패전국이던 이탈리아 사람들은 새로운 기회의 땅을 찾아 이민을 떠납니다. 15만 명 이상의 이탈리아 이민자가 호주와 뉴질랜드에 정착하기 시작했죠. 이전까지 영국 지배를 받던 호주에 이탈리아인들이 에스프레소를 들고 등장했습니다. 신선한 원두를 볶고 커피를 내리는 모습에 호주 사람들은 열광했습니다. 멜버른에는 곧 로스팅 회사와 이탤리언 에스프레소 바 등이 생겨났습니다.

호주인들은 이탈리아 에스프레소를 호주 방식으로 변형시켰습니다. 라테보다 우유를 적게 넣고 에스프레소 샷은 더 넣은 플랫 화이트, 에스프레소에 뜨거운 물을 섞은 롱 블랙, 에스프레소 샷을 물 타지 않고 진하게 마시는 숏 블랙 등이 등장했습니다. 호주나 뉴질랜드 카페에서는 주문량의 80%가 플랫 화이트라고 하니, 이 정도면 '국민 커피'로 불릴 만합니다.

플랫 화이트는 미국을 거쳐 유럽으로 확산됐습니다. 카푸치노와 비슷해 보이지만 계피 가루가 올라가지 않고, 우유가 적으면서 거품도 많지 않습니다. 진하고 고소한 맛이 특징이지요. 머그잔이 아니라 작은 유리잔에 나오는 것도 다릅니다. 플랫 화이트가 유명해지면서 호주와 뉴질랜드는 '원조 싸움'을 벌이고 있습니다. 호주인들은 '1950년대 이전까지 100℃로 끓인 물에 인스턴트 커피 과립을 넣어 마무리로 우유를 살짝 얹어 먹던 게 플랫 화이트의 시초'라고 주장합니다. 뉴질랜드인들은 '한 커피 트럭에서 카푸치노 거품 만들기가 귀찮아 적은 양의 우유에 에스프레소를 부어 만든 게 시작'이라고 합니다. 누가 원조든, 플랫 화이트로 세계 커피 시장에 바람을 일으키고 있는 건 확실해 보입니다.

report

커피에 버터를 퐁당…
'방탄 커피' 아시나요?
실리콘밸리서 대유행 '버터 커피'

20

미국 실리콘밸리에서 시작해 할리우드 셀럽들에게까지 유행처럼 번진 커피가 있습니다. '방탄 커피(Bullet Proof Coffee)'입니다. 커피에 버터를 퐁당 빠뜨려 먹기 때문에 '버터 커피'라고도 불립니다. 이름이 왜 방탄 커피냐고요? 커피에 버터를 타서 아침마다 마시면 총알을 막아낼 만큼 몸에 강한 에너지를 공급한다고 해서 붙은 이름이랍니다.

이 커피는 실리콘밸리 출신인 데이브 애스프리가 티베트를 여행하다 아이디어를 얻어 개발했습니다. 현지인들이 야크 버터차를 마시면서 체온을 유지하고 식욕도 억제하는 걸 보고 새로운 커피를 생각하게 됐습니다. 실제로 방탄 커피 한 잔을 마시면 4~6시간 정도 포만감을 느끼고 오전 내내 집중력을 유지할 수 있다고 합니다. 아침 식사 대용으로 마시면 다이어트에도 좋다는 게 알려지면서 스타벅스에서 한때 아메리카노와 베이글용 버터가 '핫한' 조합으로 팔리기도 했습니다.

방탄 커피 레시피는 이렇습니다. 먼저 원두를 갈아 만든 커피 두 스푼을 물 한 컵에 넣어 진한 블랙커피를 만듭니다. 이 커피에 코코넛 오일 한 숟가락과 유기농 버터 한 숟가락을 넣어 기름이 뜨지 않을 때까지 20초 정도 믹서로 섞어주면 됩니다. 이때 버터는 소금이 들어가지 않은 무염버터를 사용하는 것이 더 좋다고 합니다. 막상 생김새만 보면 전혀 먹고 싶은 생각이 나지 않습니다. 커피 위에 기름이 둥둥 떠 있는 모습이란…. 하지만 실제 맛을 보면 생각이 달라집니다. 고소하고 부드럽습니다. 설탕을 뺀 조금 진한 라테 맛에 가깝다고나 할까.

방탄 커피의 실제 효과에 대해선 의견이 엇갈립니다. 저탄수화물, 고지방식에 대한 찬반이 갈리는 것처럼 말이죠. 방탄 커피 외에도 커피 인구가 늘면서 별별 커피가 다 등장하고 있습니다. 석탄 커피, 강황라테, 유니콘라테처럼 비주얼이 화려한 커피들은 인스타그램의 단골 사진들입니다. 한때 '세계에서 가장 비싼 커피'라고 이름을 날린 사향고양이 똥에서 나온 '루왁 커피'가 나온 뒤 대만의 '원숭이가 씹다 버린 커피', 베트남의 '족제비 똥 커피' 등이 유행한 적이 있었죠.

누군가의 '상술'이라고 생각하면 씁쓸하신가요? 하지만 사람들의 입맛은 참 보수적인 것 같습니다. 오늘도 전국에서 가장 많이 팔린 커피 1위는 아메리카노니까요.

커피에 노른자 '탁'…
엽기 음료가 아닙니다
계란 커피

21

미국 뉴욕에 사는 친구가 몇 년 전 페이스북 메신저로 말을 걸어왔습니다. "한국 사람들은 커피에 달걀노른자를 타 먹는다며?"
이게 무슨 소린가요. 커피에 달걀노른자라니요. 쌍화차에 달걀을 동동 띄워주는 건 희미한 기억 속에 있지만, 커피에 달걀을 넣는 장면은 '결코' 본 적이 없습니다. 왜 갑자기 뉴욕에서 이런 얘기가 나온 걸까요. '라운드K'라는 뉴욕 엘런가의 작은 카페 때문이랍니다.
이곳 주인은 에스프레소에 노른자를 섞고 크림을 올린 커피를 '코리안 에스프레소 드링크' 메뉴로 팔았습니다. 살모넬라균 등을 걱정하며 격하게 혐오하는 사람, 의외로 맛있고 건강에 좋다고 칭찬하는 사람, 원조는 한국이 아니라 다른 나라라고 주장하는 의견까지. 커피 한 잔 때문에 한동안 논쟁이 벌어졌다고 합니다.
궁금해서 찾아봤습니다. 누가 원조일까요. 한국에서는 1960년대 말 '쎄시봉' 같은 음악다방이 유행하던 시절로 거슬러 올라가더군요. 원두커피에 달걀노른자를 넣어 휘휘 저어 먹는 게 멋이었다고 합니다. 추측하건대 한국인의 식습관을 보면 진한 원두커피만 마셨을 때 속쓰림 등이 당연히 있었을 테고 이를 보완하려고 달걀을 넣은 게 아니었을까요. 아니면 시커먼 커피가 쌍화차인 줄 알고 실수로 넣어 먹었는데 '멋있는 남자' 콘셉트의 미련을 못 버리고 그대로 원샷에 마셔버렸을지도.
커피에 달걀을 넣어 마시는 건 한국만의 일은 아니라고 합니다. 북베트남에서는 커피에 달걀을 넣어 거품을 내어 마시고, 인도네시아에서도 STMJ라는 커피 음료에 달걀이 들어간다고 하는군요. 멀리 유럽 땅에서도 마찬가지입니다. 차와 커피 문화가 발달한 오스트리아에는 카페오레에 달걀노른자를 넣어 먹는 '샬레 골드'라는 커피 메뉴가 있습니다.
계란 커피 논쟁에서 가장 격하게 원조를 주장하는 곳은 스웨덴입니다. 커피 분말에 달걀의 흰자와 노른자를 다 섞은 뒤 뜨거운 물을 부어 마시는 '계란 커피'가 이들의 전통적인 커피라고 합니다. '스웨디시 에그 커피'는 달걀노른자와 칼루아, 커피와 우유를 섞어 먹는 정통 스타일 커피죠. 달걀이 들어간 커피라는 선입견 때문인지 처음엔 코를 막고 먹었는데 어머나. 요즘처럼 몸이 얼어붙는 추위엔 딱입니다. 단숨에 들이켜면 딱 좋을 정도의 알코올 도수와 고소한 맛이 몸을 금세 덥혀줍니다.

report

홍콩의 '후추라테', 신세계를 맛보다
홍콩 커피 여행

22

홍콩. 나라 이름 중 유일하게 'ㅇ' 받침이 연속되기 때문일까. 소리 내어 발음할 때마다 머릿속 묘한 울림이 한참이나 지속됩니다. 그 뜻마저도 향기로운(香) 항구(港). 어릴 때 자주 보던 영화 때문인지 홍콩을 떠올리면 아련한 감정들이 스쳐가지요. 이름의 유래에도 여러 설이 있지만 여자 해적 '향고(香姑)'의 이름에서 따왔다는 이야기가 가장 매력적으로 다가옵니다.

홍콩은 금융과 미식, 쇼핑의 도시로 유명하지만 그래도 제일 먼저 떠오르는 이미지는 한 시대를 주름잡던 낡은 영화 속 장면들. 아직도 이쑤시개와 맘보춤과 흰 러닝셔츠, 혹은 선글라스와 청재킷과 담배가 먼저 생각납니다. 그 을씨년스럽던 도시 풍경과 통조림들, 자주 흥얼거리게 된 음악까지. 이번 여정에는 하나를 더 추가했습니다.

커피입니다. 차 문화가 발달한 홍콩에 커피를 마시러 가는 사람은 별로 없었죠. 4~5년 전까지는 확실히 홍콩에서 맛있는 커피를 찾기 어려웠습니다. 차의 도시 홍콩을 커피의 도시로 바꿔가고 있는 건 홍콩 젊은이들. 몇 년 전부터 스페셜티 커피 문화가 20~30대 사이에서 번지기 시작했다고 합니다. 더 커피 아카데믹스, 커핑룸, 싱글 오리진 커피 바, 노크박스, 18그램스, 로프텐, 카페 데드엔드 등 홍콩섬과 주룽섬을 오가며 커피 투어만 해도 며칠을 보내야 할 정도니까요. 호주의 유명 카페 브루 브로스 커피, 뉴질랜드의 퓨얼 에스프레소 등도 라인업에 들어 있습니다.

홍콩 카페들은 각각의 개성과 매력을 드러냅니다. 150년간 영국 식민지를 겪으면서도 그들의 전통과 유산을 지키기 위해 자신만의 영역을 만든 홍콩인의 힘이 커피에서도 느껴졌습니다. 골목골목 찾아다니는 재미도 쏠쏠합니다. 매년 월드 바리스타 챔피언십 결승 진출자를 배출하고 있는 '커핑룸', 장미 향 나는 로즈라테를 내놓는 '로프텐' 만약 한 곳을 선택해야 한다면 '더 커피 아카데믹스(The Coffee Academïcs)'입니다. 이곳에선 그동안 마신 라테가 라테가 아닌 것처럼 느껴지는 진귀한(?) 경험을 하게 됩니다. 굵게 갈린 후추가 아가베 시럽과 조화를 이루는 '아가베', 코코넛과 버터가 풍미를 더하는 '자바', 뉴질랜드 마누카꿀이 들어간 '마누카', 오키나와산 사탕수수를 더한 '오키나와'. 특히 아가베에 있는 후추는 톡톡 터뜨려 씹을 때마다 커피와 아가베 시럽의 향미를 뚫고 나오는 '후추의 신세계'를 맛볼 수 있습니다.

로스팅 룸까지 한눈에 보려면 코즈웨이베이 시그너처점을, 낡은 골목 속 조용한 휴식을 원한다면 완차이점을 들러보시길.

나고야를 '카페 왕국'으로 만든 건 도요타
일본 나고야 커피

23

"나고야 가면 뭐 먹어야 해?"
언젠가 일본 나고야에서 온 일본 친구들에게 물었습니다. "빨간 된장이랑 커피, 그러면 돼."
그 흔한 된장과 커피라니. 도쿄, 오사카와 함께 일본의 3대 도시로 꼽히는 나고야. 하지만 한국 여행객들에겐 '매력'이 거의 알려지지 않은 곳입니다.
크리스마스를 나고야에서 보낸 적이 있습니다. 중북부 산간 지역을 여행하기 위해 교통의 중심인 나고야를 택했습니다. 도심에서 어리둥절했습니다. 스타벅스나 도토루 커피 등 다른 일본 도시에서 흔히 보던 카페를 찾을 수가 없었거든요. 갑자기 친구의 말이 떠올랐습니다. '나고야의 명물'이라는 고메다 커피를 찾아 들어갔습니다. 한 잔에 400엔 전후, 한화로 약 4000원의 커피 메뉴가 많았습니다. 커피를 시키고 자리를 잡았습니다. 곧 따뜻한 물수건, 얼음물 그리고 큰 접시 하나가 나왔습니다. 잠시 후, 눈앞에 갓 구운 토스트빵과 버터, 단팥잼, 삶은 달걀까지 차려졌습니다.
"저… 이런 거 안 시켰는데요." 서툰 일본어와 손짓으로 X자를 그리고 있는데 종업원이 웃으며 옆 테이블을 가리킵니다. 모두 빵과 달걀, 커피를 함께 즐기고 있었습니다. 알고 보니 나고야의 독특한 모닝 커피 문화랍니다. 오전 8시부터 10시 30분까지는 커피 한 잔 시키면 빵과 달걀, 수제 잼 등이 함께 나온다고 하더군요. 커피와 함께 우동이나 초밥을 내주는 곳도 있고, 하루 종일 모닝 메뉴를 파는 곳도 있답니다. 작은 반찬 하나도 돈을 받는 일본인데, 나고야에는 왜 이런 문화가 생겼을까요.
나고야 사람들은 대부분 도요타 때문이라고 하더군요. 나고야에는 도요타를 중심으로 브라더 공업 주식회사, 노리다케 도자기, 린나이 등 굴지의 기업이 많습니다. '부자 도시' 이미지 때문에 '도요타시 나고야국'이라는 별칭까지 있을 정도지요. 공장으로 출퇴근하는 사람들이 아침에 차를 세우고 간단히 식사와 커피를 즐기면서 모닝커피 문화가 생겨났다고 합니다.
실제로 나고야는 카페 왕국입니다. 전체 음식점 중 카페가 차지하는 비율이 전국 평균의 두 배입니다. 막부 시대의 향수가 남아 있어 '다방 문화'를 즐기려는 중·장년층이 많은 것도 요인 중 하나로 꼽힙니다. 나고야의 카페 대부분에선 여전히 흡연도 가능합니다. 나고야 특유의 자존심 때문에 스타벅스나 다른 브랜드가 쉽게 발을 못 붙인다는 말도 설득력 있습니다. 우리에겐 전범이자, 그들에겐 영웅으로 불리는 도요토미 히데요시, 도쿠가와 이에야스, 오다 노부나가 등이 모두 이 지역 출신이라는군요. 어쩐지. 그 말을 듣고 보니 커피 맛이 유독 쓰게 느껴졌습니다.

report

멕시코에선
'모닝커피' 찾지 마세요
멕시코시티가 커피를 즐기는 방법

24

멕시코에는 '소브레메사(Sobremesa)'라는 전통이 있습니다. '테이블 위에'라는 뜻이죠. 점심이나 저녁 식사를 마치고 의자에 기대어 앉아 느긋하게 커피를 마시는 걸 말합니다. 소브레메사는 10분이 될 수도, 10시간이 될 수도 있다고 합니다.

이런 전통이 낳은 독특한 카페 문화도 있습니다. 대부분 카페는 낮 12시가 다가오는 늦은 오전에나 문을 엽니다. 세계 주요 도시 카페가 바쁜 직장인의 '모닝커피'로 먹고사는 것과는 다르죠.

가장 붐비는 시간은 이른 저녁 시간. 일터로 돌아가는 사람에게는 마지막 자유를, 일을 마친 사람에겐 하루를 다독이는 위로를 주는 공간이 되는 셈입니다.

커피는 멕시코 문화의 일부이자 경제 그 자체입니다. 세계에서 가장 큰 커피 생산국 중 하나이며, 세계 1위의 유기농 커피 수출국이죠. 권력 투쟁이 벌어지는 정치판이기도 합니다. 그런 커피 강국에서 요즘은 스페셜티 커피를 중심으로 한 새로운 흐름이 생겼다고 합니다. 거대 자본의 힘을 빌리지 않고 소규모 지역 농장과 함께하는 청년들이 그 주인공입니다.

20세기 초 6만여 명의 중국인 이민자가 멕시코로 이주하면서 이들이 어울리기 위해 선택한 것은 커피였습니다. 건설 현장 노동자를 위해 중국인은 '카페 데 치노스(café de Chinos, 중국인의 커피)'라는 카페 문화를 만들어 달콤하고 값싼 빵과 커피를 내놨습니다. 지금도 '상하이 카페', '카오룽 딜라이트' 등 중국식 카페가 인기라고 합니다.

1954년산 원두로 내린 커피, 마셔도 되나요?
커피에도 빈티지… 에이징 커피

25

"1993년산 브라질로 하시겠습니까?"
도쿄 긴자의 오래된 가게 '카페 드 람브르(cafe de L'Ambre)'. 몇 년 전 그곳을 처음 갔을 때 받았던 충격을 지금도 잊지 못합니다. 단지 100세의 할아버지 바리스타 세키구치 이치로가 커피를 내리는 광경 때문만은 아니었습니다. 와인도 아닌 커피에 빈티지라니.
'갓 볶은 신선한 원두커피'가 세상에서 가장 맛있는 커피라고만 생각했던 그때. 그곳의 메뉴판은 신세계였습니다. 1954년산 콜롬비아, 1982년산 키부, 1976년산 멕시코 등 끝없이 이어지는 빈티지가 믿어지지 않았지요. 순간 생각했습니다. 이걸 과연 먹어도 되는 건지, 맛은 있을지….
곳곳에서 커피를 홀짝이는 사람들 사이에서 용기를 내 도전해봤습니다. 그리고 도쿄에 갈 때마다 꼭 그곳에 들르게 됐지요.
카페 드 람브르는 커피 원두를 숙성시키는 '에이징 커피'를 내놓습니다. 1948년부터 70년간 한자리를 지켜온 바리스타 세키구치가 정성들여 보관해놓고 장기간 숙성시킨 생두로 만들지요. 보통 로스팅한 원두는 2~3일, 또는 일주일 정도 지나면 윤기가 흐르며 향도 맛도 좋아진다고 알려져 있습니다. 에이징 커피는 이런 보통의 숙성과는 다릅니다. 별도의 보관 시설에서 온도와 습도까지 관리해가며 보관하는 생두입니다.
'묵은 콩'과는 전혀 다른 의미의 '숙성 콩'이라고 해야 맞습니다. 묵은 콩은 가공과 등급 분류까지 다 마친 생두가 팔려나가지 못한 채 창고에 쌓여 있는 것이지만, 숙성 콩은 일정 기간을 온도 20~25°C에 맞춰 보관해야 합니다. 습도도 예민하게 관리해야 하지요. 이렇게 숙성하면 신맛은 줄어들고 묵직한 보디감은 올라간다고 알려져 있습니다. 사실 카페 드 람브르에서는 그런 규칙이 깨집니다. 어떤 커피에서는 풀 냄새가 가득하고, 어떤 커피에서는 갓 볶은 콩 못지않은 산미가 가득하고요. 쓴맛과 구수함, 적당한 단맛까지 편안한 맛을 주는 커피도 있습니다. 에이징 커피를 더 맛있게 만드는 건 세월입니다. 내일 일어날 일도 잘 모르고 사는 어떤 사람들에게는 50년의 세월을 지닌 커피 한 잔이 위안일 때가 있지요. 그 카페의 철학은 이렇습니다.
"올드 커피(에이징 커피)는 실제로 숙성을 해보고, 세월을 거듭한 사람밖에 모르는 영역이다."
세키구치 할아버지가 105세를 일기로 영면했다는 이야기를 들었습니다. 다행히 그의 손자가 카페 드 람브르를, 할아버지가 정성껏 돌봐온 생두를 지키고 있다는군요.

report

서핑, 사자 커피, 그리고 아사이볼
하와이 '라이언커피'

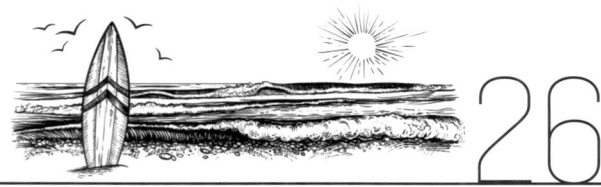

26

"니가 가라, 하와이."
영화 <친구>의 명대사죠. 와이키키, 훌라댄스, 커피와 함께 한국에서 하와이를 유명하게 만든 것이기도 합니다. 죽기 전에 하고 싶은 일을 모은 버킷 리스트. 30대에 접어들며 저는 아주 구체적이고 사소한 것들을 나열한 뒤 1년에 하나씩 지워가는 재미에 빠져 있습니다. 몇 해 전 여름엔 조금 무모한 도전을 했습니다. '하와이에서 서핑 배우기.' 기왕 배울 거면 원조의 나라에서 배워보자는 허세와 더 나이 들기 전에 해야 한다는 발악이 더해진 결과랄까요. 다녀온 뒤 버킷 리스트에 줄을 하나 그으면서 '하와이 하면 떠오르는 것'이 조금 바뀌었습니다. 서핑, 사자 커피, 그리고 아사이볼.
붐비는 와이키키는 뒤로하고 수상 구조대원들이 운영하는 작은 마을의 서핑 클럽에 머물렀습니다. 처음 잡아본 서프보드를 들고 지상 교육도 없이 바로 물속으로 직진. 단순한 동작을 시범 보인 코치를 따라 했는데, 거짓말처럼 하얗게 밀려오는 파도 위에 금방 일어설 수 있었습니다. 그렇게 2시간 정도 지났을까. 다리에 힘이 풀리고 정신이 몽롱해졌습니다. 모래밭에 뻗어 있는데 서핑 코치들이 응급약처럼 건넨 건 달달한 커피와 아사이볼. 딸기, 블루베리, 바나나, 그래놀라 등 각종 슈퍼푸드의 토핑 아래 시원하고 상큼한 아사이베리 스무디가 깔려 있어 눈이 번쩍 뜨였습니다. 그 뒤에 마시는 달콤쌉쌀한 코나 커피는 환상의 궁합.
하와이의 대부분 카페, 푸드 트럭은 커피와 아사이볼을 함께 팔고 있습니다. 새벽 6~7시에 문을 열어 아침 파도를 맞으러 가는 서퍼, 파도를 즐기다 지친 서퍼들에게 작지만 강력한 에너지원이지요. 서퍼들에게 사랑받는 커피도 따로 있습니다. 하와이 코나 지역은 미국에서 유일하게 커피를 재배할 수 있는 곳으로 유명하죠. 그중 미국에서 가장 오래된 커피 브랜드 '라이언커피(Lion Coffee)'는 집집마다 없는 곳이 없습니다. 1864년 오하이오주에서 시작된 라이언 커피는 한때 세계 최대 커피 회사로 성장했다가 사라졌던 전설의 브랜드입니다. 1979년 한 사업가가 하와이 호놀룰루에 본사를 새로 지으며 부활했습니다. 현재 코나 커피의 세계 최대 생산업체입니다. 은은한 향을 입힌 '팬시 로스팅(Fancy Rossting)' 기법이 특징입니다. 현지에선 원두 300g 정도를 5~6달러에 살 수 있으니 가격도 착합니다. 바다와 파도, 그 땅에서 나고 자란 과일과 커피. 하와이를 '태평양의 파라다이스'라고 부르는 이유입니다.

안데스산맥의 '소나무 풍미' 매력적인 페루 커피
스페셜티 커피 '카페 델 페루'

27

페루의 비니쿤카를 아시나요. '죽기 전에 가야 할 곳' 리스트에 빠지지 않고 등장하는 신비로운 무지개산. 쿠스코 최고봉에 있는 비니쿤카는 그 뜻도 남미 토착어로 '일곱 빛깔의 산'이라고 합니다. 지구 반대편에 있어 여전히 신비로운 나라 페루는 해안과 고산지대, 아마존 정글까지 있습니다. 이곳은 요즘 한국의 커피 마니아 사이에서 가장 주목받는 나라 중 하나입니다. 안데스산맥이 지나는 길쭉한 나라 페루는 북부, 중부, 남부 어느 한 곳 할 것 없이 모두 커피를 재배하고 있습니다. 그 다채로운 맛과 향, 원두는 마치 비니쿤카의 오묘한 산을 연상케 합니다.

페루는 세계 7대 커피 생산국입니다. 남미에서는 브라질·에콰도르·콜롬비아 등이 커피 유명 산지로 잘 알려졌지만, 스페셜티 커피를 즐기는 사람들에게는 해발고도 2050m의 안데스 고산지대에서 수확한 커피가 꽤 매력이 있습니다. 100% 아라비카인 페루의 원두는 해발 800~1800m 사이에서 나는 약 3%의 커피만 스페셜티 커피로 유통된답니다.

페루의 커피 10대 수출국 중에는 아시아에서 유일하게 한국이 들어 있습니다. 페루에서는 전체 인구의 약 10만 명이 커피업에 종사합니다. 페루 정부는 이를 통합적으로 지원·관리하기 위해 '카페 델 페루(Cafe del Peru)'라는 국가 공식 통합 커피 브랜드를 만들기도 했습니다.

10년간 페루 최대 커피산지조합인 센프로커피에서 원두 감별사로 일해온 헨리 메고 실바에게서 페루 스페셜티의 커핑 수업도 받을 때 기억이 납니다. '핀카 산타로사 라 라구나(Finca Santa Rosa La Laguna)'는 고소한 커피 향 위에 유칼립투스와 소나무 등의 나무 풍미가 강하더군요. 마치 허브티를 마시는 듯한 착각을 불러일으켰지요. 노란 열매가 특징인 품종 '카페 델 루나(Cafe del Luna)'는 구운 아몬드 향과 꿀, 초콜릿 향이 짙어 한국인의 커피 취향에도 잘 맞을 것 같다는 생각이 들었습니다.

페루에 사는 사람들은 커피를 어떻게 즐길까요. 페루 사람들은 하루 세 번 커피를 마신다고 합니다. 한 잔은 아침을 깨우기 위해, 한 번은 오후에 깨어 있기 위해, 그리고 나머지 한 잔은 친구와 이야기를 나누기 위해서. 그리고 한 가지 비밀은 설탕을 엄청나게 넣어 마신다는 것. 고산지대 사람들의 피로와 두통을 줄여주는 데 커피와 설탕만 한 게 없다나요.

report

日 시루 카페
"커피값 대신 이력서 받아요"
美 아이비리그 장악한 시루 카페

28

졸업한 뒤에도 한동안 학생증을 못 버렸습니다. 유럽이나 미국 여행 갈 때 학생증 하나만 있으면 박물관, 영화관이며 심지어 옷값까지 깎아준다는 사실 때문이었지요. 따지고 보면 푼돈인 데다 반칙인 것도 알았지만 그땐 공돈의 짜릿함에 중독됐던 것 같습니다. 뭐 이제 양심상, 외모상 도저히 그럴 수 없는 나이가 됐지만….
'학생증=할인증'으로 통하던 때에도 안 먹히던 영역이 있었으니, 바로 커피값입니다. '학생 할인'이 없던 카페 문화에 정면으로 도전한 곳이 있습니다. 일본의 시루 카페입니다. '시루 카페(Shiru Cafe)'는 2014년 교토에서 시작한 스타트업(신생 벤처기업) 엔리션(ENRISSION)이 선보였습니다. 대학생이라면 누구나 공짜 커피를 즐길 수 있습니다. 단, 커피 주문대에 있는 태블릿 PC에 학교 이름과 이메일, 졸업 예정 연도와 전공 등 간단한 정보를 입력하면 됩니다. 입력한 뒤로는 2시간마다 커피 1잔씩 제공되고, 디저트 빵까지 즐길 수 있답니다. 메뉴는 디카페인, 콜드브루, 핸드 드립, 니트로 커피, 라테 등 다양하고 테이크아웃도 되지요.
커피값을 내는 건 누구일까요. 시루카페의 스폰서 회사들입니다. 이들이 사회공헌 활동을 하는 건 아닙니다. 신입 사원을 뽑고 싶은 기업들이 해당 지역 시루 카페 지점에 커피값을 내는 대신 대학생들의 이메일과 전공 정보를 얻을 수 있습니다. 채용이 있을 때마다 단기계약을 하기도 하고, 장기계약을 하기도 합니다. 시루 카페의 바리스타들은 커피를 건네면서 "지금 H회사가 B전공의 사람들을 뽑고 있다"라는 식의 정보를 주기도 하고, 매장 내 모니터나 컵에 채용 광고가 나오기도 합니다. 시루 카페는 일본과 인도 대학가에서 돌풍을 일으키며 20여 개 지점을 냈고, 50개 기업을 스폰서로 확보했답니다. 마이크로소프트, 닛산, JP모건 등이지요.
시루 카페는 2018년 미국 대학가에도 진출했습니다. 첫 매장은 브라운대 지점으로 정했고, 프린스턴대·하버드대·예일대 등에도 매장을 열 계획이랍니다. 브라운대 지점은 문을 연 지 3개월 만에 전체 학생 중 76%가 등록했다고 합니다. 시루 카페 전체 네트워크에는 하루 평균 2500명의 대학생 구직자 데이터가 올라옵니다. 전 세계 누구나 즐기는 커피, 인재에 목마른 기업들, 커피와 구직에 갈증을 느끼는 학생들이 어우러져 혁신적인 모델이 된 것이죠. 커피가 너무 마시고 싶은 교수님이라면? 대학 관계자들에겐 1달러에 커피를 판다고 합니다.

블루보틀의 '치커리 커피', 한국에도 있었다
한국의 다방커피 맛 '뉴올리언스'

29

블루보틀의 시그너처 메뉴 중 '뉴올리언스'라는 게 있습니다. 입맛 까다롭기로 유명한 지인에게 소개했는데, 그의 반응이 재미있었습니다. "이거 깔끔한 다방커피네."

뉴올리언스 커피에는 치커리가 들어갑니다. 네. 우리가 알고 있는 그 쌈채소 치커리, 맞습니다. 콜드브루 커피에 우유, 비정제당을 넣어 만드는데 핵심은 구운 치커리랍니다. 이를 우려내면 쌉싸름하면서 구수한 맛을 낸다고 하네요. 미국 서부 샌프란시스코에서 탄생한 블루보틀은 왜 저 멀리 동남부 뉴올리언스의 지명을 커피 이름으로 썼을까요?

뉴올리언스에는 157년 역사의 명물 카페 '카페 뒤 몽드(Café Du Monde)'가 있습니다. 미국 치커리 커피의 원조 카페로 불립니다. 치커리 커피의 시작은 1700년대 유럽으로 거슬러 올라갑니다. 당시 영국과 프랑스에 커피가 유행하기 시작했는데, 나폴레옹은 영국 경제에 타격을 주기 위해 '대륙봉쇄령'을 내립니다. 교역 통로가 막히자 커피 대용품을 찾던 영국 사람들이 치커리 가루를 물에 타 마셨다고 합니다. 1750년께 네덜란드에서도 커피에 부과하는 세금이 치솟자 치커리차를 마셨다는 기록이 있습니다.

독일에서는 치커리가 200년 이상 대용 커피로 사랑받았습니다. '여성들의 사교 음료'로 커피가 사랑받던 1777년, 독일 정부가 커피 금지령을 내리자 서민들은 치커리에 의지했다는 것이죠. 치커리 커피가 미국으로 건너간 건 약 100년 뒤, 남북전쟁 때입니다. 남군이 점령하고 있던 뉴올리언스를 북군이 공략하면서 강을 봉쇄했고, 배가 끊겨 커피가 사라지자 치커리가 그 자리를 대신했습니다. 1862년 치커리 커피로 문을 열었던 카페가 바로 카페 뒤 몽드. '블루보틀 뉴올리언스'가 시작된 곳입니다.

치커리 커피는 먼 나라 이야기가 아닙니다. 커피가 우리나라에 본격적으로 보급된 건 1945년 이후 1950~1960년대까지 연간 400톤의 커피가 유통됐습니다. 물론 수입 금지 품목이어서 대부분 불법 수입된 것들이었죠. 1960년대 후반 수입 제한이 풀렸어도 관세가 높다 보니, 다방 등에서는 커피라고 팔면서 커피 원두 대신 구운 치커리 가루를 많이 넣었다고 합니다.

지금은 임산부들의 커피 대용품으로, 카페인이 없어 몸에 좋은 대안 커피로 각광받고 있는 치커리 커피. 블루보틀의 뉴올리언스가 입맛에 딱 맞는다면 아마 오래전부터 치커리 커피를 먹어서 그런 것 아닐까 하는 생각을 해봅니다.

report

이탈리아 죄수도 갖고 있다는 '모카포트'
커피가 기본권인 나라, 이탈리아

30

"독방에 갇힌 죄수에게도 커피를!"
이탈리아 이야기입니다. 세계 최초로 1884년 에스프레소 기기를 개발해 20세기 커피 산업의 황금기를 이끈 나라. 이탈리아에선 커피가 한 사람의 인권과도 같다고 이야기하죠. 감옥에 갇힌 죄수들에게도 커피만큼은 꼭 준다고 하니까요. 초창기 에스프레소 기기를 찾아보면 대형 보일러를 연상하게 합니다. 이탈리아 사람들 모두가 에스프레소를 즐기게 한 주인공은 모카포트. 앙증맞은 소형 주전자 모양인 모카포트의 원래 이름은 불 위에 올려 에스프레소를 뽑는다는 뜻의 '스토브 톱 에스프레소(Stove Top Espresso)'입니다. 1933년 이 기기를 최초로 개발한 이탈리아의 알폰소 비알레티가 '모카 익스프레스'라고 이름 붙였고, 지금은 이 이름을 따서 모카포트가 고유명사처럼 됐습니다. 90%가 넘는 이탈리아 가정에서 쓰는 기기이자 대대로 물려주는 그야말로 이탈리아의 대표적인 상징이 됐습니다.

모카포트는 에스프레소를 추출하는 기기입니다. 지난 100여 년 동안 더 뛰어난 성능에 인공지능까지 결합한 커피 기기가 세계 곳곳에서 쏟아져 나왔지요. 하지만 여전히 모카포트는 가장 싼 가격으로 누구나 쉽게 에스프레소를 만드는 기기로 남아 있습니다. 커피의 지방층을 걸러내지 않아 조금 투박하지만 3만 원 안팎의 가격으로 3~4분 내에 에스프레소를 뽑아낼 수 있으니까요.

모카포트는 압력밥솥과 비슷한 원리입니다. 총 3개의 파트. 기기 아래쪽 보일러에서 서서히 물을 끓여 공기압이 물을 밀어올리면 그 힘이 순간적으로 중간 부분의 커피 사이를 관통하며 맨 위쪽으로 진한 에스프레소를 뿜어 올립니다. 사용법은 간단합니다. 맨 아래 보일러에는 찬물을 채우고, 중간 바스켓에는 20~22g의 곱게 간 커피를 담아 평평하게 펴줍니다. 전체를 꽉 잠가 다시 조립한 뒤 가스레인지에서 중간불로 끓이죠. 보통 3~4분 정도 지나면 추출되기 시작합니다. 모카포트는 에스프레소 샷 한 잔부터 12잔까지 만들 수 있는 다양한 사이즈가 있습니다. 정통 이탤리언 커피를 표방하는 파스쿠찌는 역삼점에 모카포트 전용 바를 꾸며 화제를 모으기도 했죠.

이탈리아를 넘어 전 세계인이 집에서 커피를 즐길 수 있게 모카포트를 개발한 비알레티는 자신이 죽을 때 유골함마저 모카포트로 해달라고 유언을 남겼다고 합니다. 1970년 그가 세상을 떠났을 때 유족들은 그 뜻을 받들어 장례식을 치렀답니다.

와이파이 없어도 잘나가는
호주식 카페의 비밀
세계로 퍼지는 호주 커피 문화

31

호주의 커피 문화는 이제 세계적 현상이 됐습니다. 6~7년 전부터 런던, 뉴욕 등 주요 도시에서 호주식 카페 문화가 번졌고 국내에도 수년 째 사그라들지 않는 트렌드로 자리 잡았죠. 호주의 커피 문화가 도대체 뭐길래? 영국 일간지 <가디언>은 "뉴욕과 런던의 커피가 사람들을 깨우고 일하게 하는 연료라면, 멜버른의 커피는 삶 그 자체"라고 설명합니다.

멜버른과 시드니에 가면 알 수 있습니다. 새벽부터 오후 늦게까지 작은 카페들에서 일하는 바리스타는 쉴 틈이 없습니다. 사람들이 끊임없이 들락거리거든요. 노트북을 켜고 앉아 자기 일을 하는 사람은 거의 없죠. 그 대신 바리스타와 날씨, 오늘의 기분, 커피 맛을 주제로 수다를 떱니다. 커피 한 잔과 함께 브런치 등 간단한 식사를 즐깁니다. 커피 본연의 맛을 여유 있게 즐기고 싶은 사람이 늘어나면서 호주의 카페 문화가 다른 나라 대도시로 확산된 건 아닐까요.

호주에 커피 문화를 전파한 건 유럽 이민자들이었습니다. 제2차 세계대전 이후인 1950~1960년대 이민 붐이 일었습니다. 그리스와 이탈리아 이민자들이 멜버른 항구를 통해 카페 문화를 선보였지요. 자연과 브런치 문화, 오래된 서핑 문화와 레저가 결합하며 호주의 커피 문화는 꽃을 피웁니다. 멜버른은 그리스 이민자들이 늘면서 카페가 번성했다고 합니다. 지금도 멜버른은 그리스 외 지역에서 가장 많은 그리스인이 사는 도시입니다. 호주의 커피 문화는 다크 로스팅하는 유럽식 에스프레소를 중심으로 시작돼 신선한 원두를 살짝만 볶아 가볍게 즐기는 라이트 로스팅으로 진화했습니다. 멜버른 항구를 통해 좋은 원두가 수시로 들어와 굳이 진하게 태울 일이 없었던 것이죠.

'커피 강국' 호주에선 한국인 바리스타들이 맹활약하고 있습니다. 커피 관련 각종 경연의 챔피언을 수차례 한국인이 차지했고, 세계대회에 나가 수상한 사람들도 적지 않죠. '워킹 홀리데이'로 갔다가 커피 장인이 돼 돌아온 바리스타와 로스터도 많습니다. 이들은 모멘토 브루어스, 플라스크, 써머레인, 4B, 오지힐 등 서울의 '호주 커피 명소'를 만들어가고 있습니다.

report

영국 경제를 자극한 '플랫 화이트 이코노미'를 아십니까
카페가 창조성의 공간으로

당신의 하루에서 카페가 사라진다면? 이런 상상을 해본 적이 있나요. 누군가는 중요한 미팅을 어디서 해야 할지 몰라 헤맬 것이고, 누군가는 노트북 하나 들고 공부하던 도서관을 통째로 잃은 기분이 들 겁니다. 보험회사 직원이나 외국어 개인 강습을 하는 이들은 갑자기 일터를 잃은 듯한 느낌일 테고. 답답한 마음에 목적지를 정하지 않고 집 밖으로 나섰을 때 잠시 멈춰 설 곳도 사라질 것입니다.

우리나라 카페는 이제 '누구'의 공간이 아니라 '모두'의 공간이 됐습니다. 커피 수입이 자유화된 지 겨우 30년. 커피 시장은 한국 경제처럼 초고속으로 성장했습니다. 현재 1인당 카페 수는 세계에서 가장 많고, 월드 바리스타 챔피언을 아시아에서 세 번째로 배출한 나라가 됐습니다. '카페 버블'이라는 말이 나온 지 10여 년이 지났지만 여전히 이 산업은 성장 중입니다.

이런 커피 문화의 시작은 다방이었습니다. 제비다방, 낙랑파라, 돌체다방, 멕시코다방 등은 근대 경성의 문화를 꽃피웠습니다. 전쟁을 거치며 잠시 퇴보했던 다방 문화는 1960~1980년대 학림다방과 모나미다방 등을 중심으로 문화와 예술의 중심이 되기도 했습니다. 대학생과 예술가들의 지적인 대화가 오고가는 살롱이었습니다.

1999년 상륙한 스타벅스는 문화 코드가 됐습니다. 낯설기만 하던 메뉴, 에스프레소와 아메리카노, 카페라테 정도는 이제 남녀노소 모두 구분할 수 있지요. 커피를 다루는 사람, '바리스타'라는 직업도 그사이 아주 멋진 전문직 대열에 올랐습니다. 스타벅스가 만든 커피 문화는 지난 20여년간 한국 커피 시장을 지배했습니다. 토종 커피의 자존심 이디야커피는 전국 매장이 2500개를 넘어섰고, 이를 따라잡으려는 브랜드가 수없이 생겨났습니다. 한국커피협회가 발급한 바리스타 자격증을 받은 사람은 27만 명이 넘고, 전국 카페가 10만 개라고 하니 커피를 업으로 삼는 사람은 50만 명이 넘을 것으로 추산됩니다.

또 다른 플레이어가 등장했습니다. 블루보틀입니다. 땡볕에 한두 시간씩 줄을 서서 기다립니다.

32

스타벅스에 '아메리카노'가 있었다면 2019년 블루보틀에는 '스페셜티'라는 무기가 있습니다. 미국은 이런 변화를 벌써 경험했습니다. 1970년대 네슬레에 대한 반항으로 스타벅스가 생겨나고, 2000년대 스타벅스에 대항해 스페셜티 커피 브랜드가 탄생했습니다. 세계시장에 자신 있게 내세울 만한 카페 브랜드가 등장할 때가 됐다는 말이기도 합니다.

또 한 가지 눈길을 끄는 단어는 영국에서 왔습니다. 영국 경제학자 더글러스 맥윌리엄스(Douglas Mcwilliams)는 <더 플랫 화이트 이코노미(The Flat White Economy)>란 책에서 런던 경제가 디지털 혁신을 이룬 배경에 스페셜티 커피 문화가 있었다고 말합니다. 2011년 유럽 금융위기 이후 영국 경제는 어려웠습니다. 금융산업은 쇠퇴기의 징후를 보였고, 정보기술(IT) 분야는 미국 실리콘밸리에 한참 뒤처졌었죠. 이런 침체에 자극을 준 공간이 등장합니다.

쇼어디치, 해크니 등 런던 외곽에서 호주식 카페라테인 플랫 화이트를 파는 스페셜티 카페들입니다. 콘텐츠 크리에이터들이 몰려들었습니다. 트위터나 페이스북을 통해 젊은 기업인들은 '카페 번개 모임'을 만들어 사업 아이디어를 활발하게 주고받았습니다. 이는 영국 경제가 회복하는 데 큰 자극이 됐다는 메시지입니다.

한국에서도 이런 카페가 등장할 수 있을까요? 2011년 서울 서초동에서 시작한 알레그리아 커피로스터스, 서울 도화동에서 시작된 프릳츠커피컴퍼니, 강원 강릉에서 전국구로 커진 테라로사… 펠트커피, 커피리브레, 카페어니언, 헬카페, 후엘고 등은 조금 특별한 공간에서 조금 다른 커피를 내놓습니다. 이곳을 찾는 사람들 역시 '다름'에 열광합니다. 24시간 열려 있는 편의점 카페, 오랜 친구를 만나러 가는 듯한 스타벅스와 이디야, 개성으로 무장한 독립 카페들까지. 한국 커피 시장이 새로운 시대를 맞고 있는 것은 분명해 보입니다.

SCENE 3

106–127

인스타그램에 '카페투어'라는 해시태그만 검색해도 개성 있고 매력적인 카페가 수두룩하다. 주인장의 취향이 드러나는 시그너처 커피부터 감각적인 디저트까지 눈길을 사로잡는다. 전국 10개 도시의 커피 거리를 소개한다.

Editor 김은아·박소윤 **Photographer** 성종윤

coffee road - GYEONGJU

경주 황리단길

경주시 황남동의 '황리단길'은 첨성대와 대릉원 사이, 관광객이 밤낮으로 북적이는 곳이지만 '경주의 정신'을 한 잔에 담아내려는 카페들이 있다. 아무리 붐벼도 한 잔씩 정성을 들여 커피를 내리는 곳, 지역의 어르신과 젊은 여행자들이 나란히 앉아 아인슈페너를 마시는 곳….

향미사
a_ 경북 경주시 태종로 734
t_ 070-8775-5555
i_ hyangmisa

fete coffee(페트 커피)
a_ 경북 경주시 포석로 1097
t_ 054-777-1097
i_ fetecoffee

설월
a_ 경북 경주시 첨성로81번길 22-13
t_ 0507-1492-6031
i_ sulwoldessert

향미사

황리단길 1호 카페 '페트커피(fete coffee)'는 터가 남다르다. 황리단길에서도 사람들이 가장 많이 오가는 골목 초입에 위치한 데다, 창밖으로 대릉원이 펼쳐지는 '뷰 맛집'이다. 페트가 문을 연 2015년만 해도 이곳은 '황리단길'은커녕 깃발을 건 무당집이 늘어서 있고 가로등조차 변변치 않아 해가 지면 으스스한 분위기를 풍겼다. 골목을 지나는 어르신들은 낯선 가게의 커피 맛에 반해 지금도 이곳을 찾는다.

카페 '설월'에서는 대릉원을 테이블로 옮긴 특별한 디저트를 만날 수 있다. 대릉원을 모티프로 만든 '대릉원 타르트'는 손바닥만 한 초록색 고분이 신라 토기를 재현한 그릇에 담겨 나온다. 병아리색이 돋보이는 유자타르트는 봄이면 들꽃이 흐드러지는 경주의 들판을 꼭 빼닮았다. 작게 한국식 정원으로 꾸민 카페 한쪽 벽면은 산수화의 한 장면처럼 근사하다. 진참깨라테·증편파니니·팥크림쑥떡플 등 경주 지역의 농산물을 활용해 개발한 메뉴는 이곳에서만 맛볼 수 있다.

황리단길에서 '커피 잘한다'는 곳들은 공통적인 특징이 있다. 속도가 느리다는 것. 대표가 직접 한 잔씩 커피를 내리는 경우가 대부분이다. 원두를 갈고, 저울에 용량을 달아 드리퍼에 담는다. 온도를 체크하고, 맛을 보는 과정이 얼마나 신중한지 커피 장인의 손길이 느껴진다.

오래된 건물의 외관을 그대로 살려 '경주체육관'이라는 간판을 달고 있는 '향미사'에서는 직접 로스팅한 다양한 원두를 맛볼 수 있다. 단일 원두 7종부터 '균형', '단아'라는 이름을 붙인 블렌딩 원두 2종까지 다채로운 커피를 맛볼 수 있다. 원두와 드립백도 판매하고 있는데, 커피의 맛과 경주의 느낌을 조합한 패키지는 센스 있는 선물이 될 것이다.

coffee road - GWANGJU

광주
동명동 카페거리

유럽의 도시를 여행해 본 사람이라면 구도심이라는 말이 익숙할 것이다. 오래전부터 사람들이 모여들어 도시의 역사를 이룬 곳을 흔히 그렇게 부른다. 광주시민들은 힙하고 트렌디한 곳에 가고 싶을 때 동명동을 찾는다.

맷차
a_ 광주 동구 동계천로.132, 101호
t_ 062-413-0303
i_ gwangju_metcha

티소하
a_ 광주 동구 동계천로 151-17
t_ 0507-1351-8186
i_ teasoha

스케치
a_ 광주 동구 제봉로138번길 9-1
t_ 0507-1344-7539
i_ sketch_roastery

광주 동명동은 옛 전남도청이 자리하던 행정의 중심지이자, 남도의 예술인들이 모여들던 예술의 중심지였다. 오랜 역사를 자랑하는 초등학교와 고등학교부터 입시 학원, 고시 학원까지 밀집하면서 '교육열'이 높은 동네로 불린다. 혹자는 동명동 카페거리의 시작이 바로 이 교육열에서 비롯됐다고 말한다. 자녀를 학교와 학원에 데려다주고, 데리러 오던 부모님들이 인근 카페에서 시간을 보내면서 카페거리가 형성됐다는 것. 사실인지 알 길은 없지만, 다양한 콘셉트의 카페가 하나둘 들어서면서 젊은 층의 발걸음도 늘었다.

'티소하'는 '의도 있는 멈춤'을 지향한다. 차 한 잔을 즐기는 동안만큼은 한 템포 쉬어 가자는 바람을 담아 공간을 구현했다. 차분한 분위기 덕분에 이곳에서 차를 마시고 있으면 시간이 느리게 흐르는 것만 같다. 티소하의 티 칵테일 등 퓨전 음료는 차 입문자를 매료시키기에 충분하다.

'맷차'는 제주산 말차를 이용해 맷돌로 찻잎을 갈아 낸다. 오래전 문헌에서 스님들이 맷돌을 이용해 차를 준비했다는 기록에서 아이디어를 얻었다. 맷돌로 찻잎을 갈 때, 떫지 않으면서도 차의 풍미를 극대화하는 지점을 찾기까지 무려 6개월여의 연구 기간을 거쳤다.

카페 '스케치'는 제주도를 모티프로 꾸며 휴양지에 온 듯한 여유로움이 느껴진다. 2층 통창으로 내려다보이는 광주의 오래된 건물들이 구도심 특유의 낭만을 보여준다.

coffee road - DAEGU

애리스커피스탠드
a_ 대구 동구 동부로32길 2
t_ 010-2426-3311
i_ arris.coffee.stand

대구
신천동 카페거리

대구에는 김광석 카페거리, 삼덕동 카페거리 등 개성 있는 카페가 모인 골목이 많다. 그중에서 최근 1년 사이에 급속도로 새로운 카페들이 모여든 곳이 있다. 바로 신천동이다. 조용한 주택가이던 이곳은 주말이면 멋진 공간을 찾아 카페 투어를 하는 이들이 찾는다.

브루쓰커피로스터스
a_ 대구 동구 동부로34길 10
t_ 0507-1308-0798
i_ brewss_official

신천동 카페거리는 동대구역 건너편에 위치해 여행객이 많이 찾으면서 평일 낮에도 붐빈다. 3년 전만 하더라도 사뭇 다른 분위기였다. "당시만 해도 어르신들이 조용히 산책하는 주택가 골목이었는데 몇 년 사이에 가게가 밀집한 공간이 됐죠."(송영훈 대표) 2018년 문을 연 '브루쓰커피로스터스'는 에스프레소 머신을 사용하지 않고 직접 볶은 원두를 내리는 필터커피를 고집한다. 손님들에게 잠시나마 여유를 불어넣어주고 싶은 마음에서다. 나무로 만든 가구들과 동굴처럼 아늑한 공간은 마음을 차분하게 만든다.

'애리스커피스탠드'는 일상에 가까운 공간이 되기를 지향한다. 매일 들러도 부담스럽지 않도록 원두와 메뉴, 가격을 정할 때도 이 점을 가장 중요하게 생각했다. 이곳의 시그너처 메뉴 '애리스라테' 가격이 3800원으로 저렴한 이유도 그래서다. 시나몬 크림을 얹은 시그너처 커피는 은은한 단맛과 씁쓸함이 조화를 이룬다.

신천동은 건물마다 카페가 있어 하루에 여러 곳의 카페를 여행하는 카페 투어족에게 최적이다. 그러나 조금 더 발걸음을 옮겨야 만날 수 있는 근사한 공간도 있다. 동대구역에서 800m 정도 떨어진 곳에 위치한 '모노릭'은 지은 지 40년 이상 된 주택들이 늘어선 골목의 새내기 카페다. 이 동네에서 나고 자란 사장님이 동네가 활기를 되찾았으면 하는 바람에서 오래된 주택을 리모델링해 카페를 열었다. 이곳의 시그너처 음료인 모노릭 라테는 꼭 먹어볼 것. 오렌지 베이스의 크림라테가 이색적이다.

모노릭
a_ 대구 동구 아양로10길 22
t_ 0507-1362-2814
i_ cafe_monolic_

coffee road - BUSAN

부산
영도 카페거리

1990년대 이후 수산업이 쇠락하며 사람들이 빠져나갔고, 그 자리에는 빈집과 낡은 컨테이너만이 남았다. 이런 영도가 '커피섬'으로 탈바꿈하기 시작한 건 5년여 전쯤의 일이다. 부산항에 늘어선 빛바랜 폐공장은 독특한 콘셉트와 커피 맛을 갖춘 카페로 변신했다.

무명일기
a_ 부산 영도구 봉래나루로 178
t_ 0507-1320-8069
i_ cotton.diary

리케이온
a_ 부산 영도구 중리북로
   22번길 32
t_ 0507-1335-2759
i_ cafe.lykeion

모모스 로스터리&커피바
a_ 부산 영도구
   봉래나루로 160
t_ 070-5129-0184
i_ momos_coffee

부산의 카페를 이야기하면서 '모모스 커피'를 빼놓을 수 없다. 한국인 최초로 '월드 바리스타 챔피언십'에서 우승한 전주연 바리스타가 속한 모모스는 직거래를 통해 세계 유명 커피를 직접 구매한다. 영도점의 문을 열고 들어서면 통유리를 통해 산지별 원두의 보관부터 로스팅, 패킹까지 모든 공정을 관찰할 수 있다. 무엇보다 특별한 건 일대일 맨투맨 서비스다. 원두에 대한 소개, 커피를 내리는 과정 등에 대해 바리스타의 설명을 들으며 약 15분간 여유로운 티타임을 만끽할 수 있다.

"정해지지 않은 일상의 기록'이라는 이름에 담긴 의미처럼, 머무르는 사람에 따라 각각 다른 장소로 기억됐으면 했어요." 오재민 대표의 바람대로 '무명일기(無名日記)'는 음식과 디자인, 문화가 있는 복합 공간으로서의 역할을 톡톡히 하고 있다. 한식 브런치 메뉴인 '영도소반'에는 영도의 정체성이 고스란히 깃들었다. "영도의 이야기를 한 상에 담고 싶었어요. 예를 들면 국내 최초로 고구마를 재배한 곳이 영도라든가, 제주 해녀가 영도에 정착하게 된 사연 같은 것이요." 소반에 오밀조밀 담긴 로컬푸드를 맛보며 영도의 역사를 되짚어보는 맛이 쏠쏠하다.

빨간 벽돌 건물을 둘러싼 600여 종의 식물이 환상적인 정원 뷰를 선사한다. 얼마나 아늑한지 동네 고양이도 잠시 쉬어 가는 곳이다. 조경학을 전공한 김은주·김수진 부부는 30년 된 주택을 리모델링해 '리케이온'을 창조했다. 카페 곳곳 두 사람의 손길이 닿지 않은 곳이 없다. 전 세계를 여행하며 직접 촬영한 정원 사진이 벽을 따라 걸려 있고, 서재를 가득 채운 책이 포근한 분위기를 더한다. '식물 멍'을 때리며 맛보는 커피와 피낭시에의 조화가 완벽하다. 카페에서는 정원 아카데미도 진행된다. 식물과 함께 일상의 평화를 찾길 바라는 부부의 마음이 담겼다.

coffee road - SUWON

수원 행리단길

경기도 수원 행궁동에 '행리단길'이라는 카페거리가 생긴 것은 자연스러운 일이다. 그 중심에는 수원화성이 있다. 장안문에서 화서문을 지나 행궁에 이르기까지 약 1.5km에 이르는 화성의 성벽길 안에 카페들이 안겨 있는 모양새다.

테이티드
a_ 경기 수원시 팔달구
 신풍로45번길 8
t_ 010-9990-5318
i_ teited_coffee

콜스커피
a_ 경기 수원시 팔달구
　　화서문로16번길 81
t_ 0507-1396-9032
i_ cors_coffee

킵댓
a_ 경기 수원시 팔달구
　　화서문로31번길 14-34
t_ 0507-1385-3152
i_ keepthat_coffee

언디파인드커피
a_ 경기 수원시 팔달구
　　화서문로46번길 16
t_ 0507-1364-4751
i_ un_defined_coffee

조선시대의 유적과 2022년의 문화가 조화롭게 공존하는 행궁동. 카페 '킵댓(Keep That)'은 기존 가치를 소중히 지키면서도 발전해나간다는 의미를 담고 있다. 시그너처 음료인 바닐라라테와 초콜릿라테는 결코 평범하지 않다. 직접 만든 아이스크림과 시럽, 블렌딩 우유로 완성한 특별한 커피는 오직 이곳에서만 맛볼 수 있다. 여기에 적정 온도에 맞춰 내놓는 세심함까지 갖췄다.

'원두 편집숍'을 표방하는 '언디파인드커피'는 전국 로스터리의 원두를 소개한다. 프릳츠, 커피리브레처럼 유명한 브랜드도 있지만 지역에 숨어 있는 소규모 로스터리의 원두가 대부분이다. 1~2주 간격으로 메뉴판을 전격 교체하며 새로운 원두를 선보이는데, 계절과 원두 맛의 궁합도 고려한다. 메뉴 이름이 '드립 커피'가 아닌 '트립 커피'인 것도 원두로 떠나는 여행이라는 의미를 담고 있다.

바 형식으로 바리스타와 손님 사이의 거리를 좁힌 곳도 눈에 띈다. '테이티드'와 '콜스커피'가 그 주인공. 테이티드는 피스타치오를 떠올리게 하는 톤 다운된 연두색 공간이다. 이곳은 손님과 커피뿐 아니라 음악으로도 소통한다. 음료를 주문할 때 듣고 싶은 음악을 적어 내면 곡을 틀어준다.
어둑하고 차분한 분위기의 콜스커피는 호주식 커피를 선보이는 에스프레소 바다. 특유의 아늑한 분위기 때문일까. 바에 앉은 손님들은 오래 알고 지낸 친구와 안부를 주고받듯, 커피를 내리는 윤영훈 대표와 편안하게 담소를 나눈다.

coffee road – SUNCHEON

순천
옥리단길

순천의 '옥리단길'은 많은 카페가 옥천 주변에 자리 잡으며 자연스럽게 이름이 붙었다. 길을 따라 걷다보면 향교가 있는 역사적인 거리부터, 갤러리와 힙한 공간이 모인 문화의 거리까지 순천의 사뭇 다양한 모습을 자연스럽게 만나게 된다.

짙은
a_ 전남 순천시 옥천길 29
t_ 0507-1336-5578
i_ zitten_coffee

점심시간이면 텅 비는 사무실. 반대로 이때 가장 붐비는 사무실이 있다. 바로 카페 '오피니언'이다. '오피스'를 콘셉트로 꾸며놓은 이곳은 세트장에 들어왔나 싶을 정도로 예쁘게 정돈되어 있다. 자세히 살펴보면 디테일도 남다르다. 구형 맥 컴퓨터, 1990년대 영자신문은 임수인 대표가 발품을 팔아 어렵게 구한 것. 음료를 개발할 때도 온통 하얀색인 공간과 어울리는 색을 고민했다. 확고한 콘셉트 덕분에 머무르는 것만으로도 확실한 기분 전환이 된다.

'시골 할머니 댁에서 보내는 여름방학'에 로망이 있다면 한옥 카페 '다올재'로 향하자. 순천향교 근처에 위치한 이곳은 전통차를 체험할 수 있는 곳이다. 어릴 적 송광사에서 스님들에게 다도를 배웠다는 최형진 대표가 차 예절, 차 명상을 직접 지도한다. 그저 차를 즐기는 것만으로도 남다른 운치를 느낄 수 있다. 마루에 앉아 아름드리 은목서나무가 심긴 너른 마당을 바라보면 영화 <리틀 포레스트>의 주인공이 된 것 같다. 순천 황매실을 비롯해 순천에서 나는 약초 11가지를 꼬박 24시간 동안 정성으로 달여 선보이는 쌍화매실차는 꼭 마셔볼 것.

카페 '짙은'은 정통 프랑스식 케이크를 맛볼 수 있는 곳. 커피를 공부하다 만나 사랑에 빠졌다는 이은상·김혜지 대표는 손님 한 명 한 명을 조용히, 그러나 정성껏 대접하고 싶다는 생각에서 2019년 카페를 열었다. 화려한 디저트 대신 생크림 케이크, 뉴욕 치즈케이크, 티라미수 스트로베리 쇼트케이크 등 단정하면서도 기본에 충실한 케이크로 메뉴판을 채웠다. 3년째 한결같은 모습으로 손님을 맞이하는 이곳을 사랑하는 이들이 많은 것은 당연한 일. 동네 단골손님들은 하루에도 몇 번씩 찾는다고. 그중에서도 '사평역에서'를 쓴 곽재구 시인은 매일 이곳을 찾아 시를 쓴다. "이곳의 큰 창으로 햇볕이 쏟아질 때 밖을 보면 거리에 지나가는 사람들이 다 예쁘게 보입니다. 덕분에 '걷는 사람'이라는 시를 몇 편이나 썼습니다."

오피니언
a_ 전남 순천시 중앙3길 9
t_ 0507-1465-0410
i_ cafe.ofinion

다올재
a_ 전남 순천시 금곡길 60
t_ 061-752-3532
i_ daoljae

coffee road - ULSAN

울산
달동 카페거리

울산에서 가장 번화한 거리를 묻는다면 단연 삼산동이 첫손에 꼽힌다. 삼산동에서 한 블록만 옆으로 발걸음을 옮겨보자. 조용한 주택가인 달동에는 신상 카페들이 자리 잡았다. 하나둘씩 문을 연 카페가 족히 30여 곳.

코마커피
a_ 울산 남구 삼산로199번길 24
t_ 010-8768-4422
i_ coma_coffee_

식당에만 계절 메뉴가 있는 것은 아니다. 계절의 의미를 담은 카페 '시즈너리'는 입으로 사계를 느낄 수 있는 곳이다. 봄에는 분홍 벚꽃, 여름에는 푸른 파도, 가을은 붉은 낙엽, 겨울에는 하얀 눈밭을 무스케이크에 담아낸다. 여름에는 열대 과일인 패션프루트를, 겨울에는 폭신한 눈밭을 연상케하는 치즈케이크를 안에 숨겨놓아 재료와 식감으로도 계절을 표현한다. 시그너처 커피는 부드러운 크림 위에 파삭하게 부서지는 얇은 비스킷 칩을 올려 재미를 더한다.

'신 커피는 대체 무슨 맛으로 먹는 거야?'라고 생각했다면 'WTF 로스터스'에서 편견을 깰 수 있다. 송민철 대표는 원두의 맛을 최대한 이끌어내는 데 초점을 맞췄다. 시간이 지나면서 서서히 깊어지는 커피의 향을 느낄 수 있도록 일부러 작은 찻잔을 사용한다. 그의 안내대로 천천히 커피를 음미하다 보면 시큼함은 온데간데없고, 향기롭게 피어나는 과일과 꽃의 아로마에 매혹된다.

스페셜티 원두를 맛보고 싶다면 '스네브커피'로 향하자. 이곳에서는 1kg에 10만 원을 호가하는 커피를 저렴한 가격에 만날 수 있다. 원두에 따라 에스프레소, 핸드 드립 등 본연의 맛을 가장 잘 살릴 수 있는 방식으로 내놓는다.

개성 넘치는 공간을 찾고 있다면 '코마카페'가 답이다. 하나의 공간을 전혀 다른 조명으로 꾸며 색다른 분위기를 자아낸다. 강렬한 디스플레이의 마네킹, 구형 브라운관 TV 조형물, 현란한 조명은 미디어아트 전시장에 들어온 듯한 느낌을 준다.

스네브커피
a_ 울산 남구 왕생로86번길 30 상가동 103호
t_ 0507-1315-5088
i_ snev_coffee

시즈너리
a_ 울산 남구 돋질로250번길 13
t_ 010-6213-3645
i_ seasonally.cafe

WTF Roasters
a_ 울산 남구 번영로166번길 21-1
t_ 0507-1316-3240
i_ wtf.roasters

coffee road - INCHEON

인천
구읍뱃터 카페거리

영종도 동쪽 끄트머리 구읍뱃터의
카페거리에서는 파랗게 뻥 뚫린 하늘과 바다가
한 눈에 들어온다. 커피를 즐기며 어디론가
향하는 비행기를 보는 것만으로도 여행의
설렘을 느낄 수 있다.

바다의시간
a_ 인천 중구 은하수로 12,
　　구읍뱃터 관광어시장 5층
t_ 0507-1397-0237
i_ cafe_basi

웰디벨롭커피랩
a_ 인천 중구 하늘중앙로195번길
  21, 에스디메디컬 109호
t_ 0507-1339-3722
i_ well_developcoffeelab

다시 봄
a_ 인천 중구 오작로 102
t_ 0507-1362-4733
i_ dasi_bom2020

얼트
a_ 인천 중구 은하수로 1,
  오션뷰빌딩 4층
t_ 032-752-7247
i_ cafe_ult

인천항과 인천대교 방향의 바다는 남해의 청정 바다가 부럽지 않을 만큼 파랗고 청량하다. 부두를 따라 늘어선 공장의 굴뚝은 이채로운 분위기를 풍긴다.
'얼트'는 오션 뷰를 즐길 수 있는 대표적인 카페다. 삼면이 시원하게 통창으로 이뤄져 사방으로 파란 바다를 볼 수 있다. 세 가지 잎차를 블렌딩한 향기로운 밀크티를 마시며 풍경을 즐겨보자.
구읍뱃터는 한낮에는 햇빛을 받아 반짝거리는 바다가 내려다보이고, 밤에는 인천대교의 조명으로 사뭇 다른 분위기를 보여준다. '바다의 시간'은 시간별로 달라지는 바다의 풍경을 느낄 수 있는 앤티크 콘셉트의 카페다. 양종모 대표가 가구부터 식기, 사소한 소품까지 앤티크 숍을 찾아다니며 손수 구한 것들이다. 티 트레이에 층층이 쌓아올린 디저트는 마치 중세의 티룸에 들어선 듯한 느낌을 준다.
제대로 된 커피 한 잔을 맛보고 싶다면 '웰디벨롭커피랩'으로 향하자. 한국커피협회 자격시험을 비롯해 각종 바리스타 대회에서 심사위원으로 활약하는 '바리스타들의 선생님' 한소라 대표가 운영하는 카페다. 로스팅 후 원두가 가장 맛있는 시점에 내놓고, 커피의 향미를 최대한 이끌어내기 위해 섬세한 필터를 가진 정수 시스템을 갖췄다.
'다시 봄'은 영종도의 정체성을 음료로 구현했다. 달빛로, 은하수로라는 도로명에 맞춰 하늘의 오로라를 유리잔에 담아낸 듯한 신비한 빛깔의 에이드를 개발했다. 스카치 캔디 맛을 재현한, 크림을 올린 라테는 이곳에서만 맛볼 수 있는 특별한 커피다.

coffee road - CHEONGJU

청주
상당구 카페거리

청주 사람들 사이에선 '청주의 특산품은 카페'라는 말이 있다고 한다. 문경 사과, 의성 마늘처럼 청주 하면 딱 떨어지는 농산물은 없을지언정, 대도시 못지않게 트렌디한 카페가 많기 때문에 생긴 말이다.

아뜰리에드꼴
a_ 충북 청주시 상당구 상당로121번길 43
t_ 0507-1379-6703
i_ atelier.de.col

어디에도 없는, 오직 청주에서만 볼 수 있는 카페를 찾는다면 단연코 '다이어 커피' 쇼룸부터 들러야 한다. 간판 없이 철을 이용한 외관도 범상치 않지만, 안에 들어서면 신세계가 펼쳐진다. 극장의 객석처럼 꾸며놓은 계단식 좌석에 앉으면 현란한 조명 앞에 선 바리스타가 20여 가지 원두 중 손님의 입맛에 맞춘 커피를 정성스럽게 내려준다. 그 과정이 하나의 퍼포먼스이자 공연 같다.

청주를 입으로 느끼고 싶다면 '지지구구'를 찾아보자. 이곳은 충북 지역에서 나는 친환경 작물을 이용한 음료와 간식을 내놓는다. 청주의 명소인 무심천·정북토성·중앙공원을 모티프로 만든 블렌딩 티가 대표적이다. 벚꽃 피는 무심천, 노을 지는 정북토성, 단풍 드는 중앙공원 등 메뉴 이름에 청주만의 감성을 듬뿍 담았다. 제로 웨이스트를 지향해 테이크아웃은 용기를 가지고 와야 한다.

'트레몰로 커피웍스'는 청주에 처음으로 생긴 에스프레소 바다. 의자도 없이 높은 테이블 몇 개만 놓여 있어 이탈리아 현지인처럼 선 채로 커피를 마셔야 한다. 한 잔 가격이 2000원대로 저렴하며 에스프레소의 깊은 맛과 어우러지는 다양한 크림, 우유, 레몬 등 부재료가 색다른 맛을 선사한다.

눈까지 즐거운 카페를 찾는다면 라이프스타일 브랜드 꼴라주 바캉스가 운영하는 '아틀리에드꼴'을 찾을 것. 도저히 지갑을 열지 않을 수 없게 만드는 알록달록한 색감의 팬시한 소품이 가득하다.

다이어 커피
a_ 충북 청주시 상당구 대성로 86
t_ 010-4446-1663
i_ dyer_laboratory

트레몰로 커피웍스
a_ 충북 청주시
　　상당구 우암산로 2
t_ 0507-1329-9796
i_ tremolo_coffee

지지구구
a_ 충북 청주시 상당구
　　상당로131번길 7-7
t_ 0507-1465-2364
i_ jijigugu.room

coffee road – PYEONGTAEK

평택
소사벌 카페거리

그문
a_ 경기 평택시 비전9길 34
t_ 070-7613-0522
i_ he__door

평택에서 카페를 이야기할 때 빼놓을 수 없는 비전동. 2017년 소사벌 지구에 신도시가 개발되면서 신축 건물이 들어섰다. 건물 하나 건너 1층에 카페가 들어서면서 700m 반경에 30곳이 넘는 숍이 오밀조밀 모이게 됐다. 이름하여 '소사벌 카페거리'.

강렬한 오렌지 컬러가 시선을 잡아끄는 '포인트오렌지'는 디자이너 가구 쇼룸을 연상케 한다. 시그너처 음료를 네 종류나 갖춰 골라 먹는 재미가 있다. 아몬드크림모카, 피넛크림라테, 로투스크림라테. 그리고 메뉴판에는 없는 히든 메뉴인 트리플S라테는 시나몬을 듬뿍 넣어 한번 맛본 사람들은 계속 찾는다고. 모든 디저트를 매일 아침 직접 구워내는 것은 물론이고, 메뉴에 올라가는 토핑이나 크림도 주문과 동시에 즉석에서 만든다.

커피 한 잔으로 색다른 경험을 하고 싶다면 '그문'으로 향하면 된다. 이곳에서는 터키식 정통 커피인 '샌드 커피'를 맛볼 수 있다. 터키식 구리 커피포트 체즈베에 원두 가루와 물을 넣고 200℃ 이상으로 뜨겁게 가열된 모래 위에서 끓여낸다. 모래 온도가 적정 수준까지 올라가는 데 10~15분 정도나 소요되지만, 단골들은 이 시간을 기꺼이 감내한다. 모래가 달궈지는 동안 김찬미 대표는 터키식 커피와 이 공간에 얽힌 이야기를 들려준다. 보통 터키식 커피는 높은 온도에서 오랫동안 볶는 강배전 원두를 사용해 산미가 높지만, 원두를 직접 블렌딩해서 한국인 입맛에 맞게 균형을 맞췄다.

조금 덜 화려하더라도 '평택다운' 카페를 찾는 이에게는 '와일드그라스'가 제격이다. "타지에서 일하다 오랜만에 고향을 찾았다가 이 앞을 지나게 됐어요. 그 사이에 도시가 정말 많이 변했는데 이 동네만 유일하게 예전 모습 그대로 간직하고 있더라고요. 그때 느낀 반가움에 사람들에게 편안함을 전달하는 공간을 만들어야겠다고 생각했어요."(장운진 대표)

와일드그라스에서는 마시는 사람의 기분과 마음에 와닿는 커피를 내놓는다. 9가지 원두를 준비한 것도, 핸드드립 커피를 시그너처로 내놓는 것도 이러한 이유에서다. 손님에게는 오늘의 컨디션이나 커피 취향을 묻고 산미오-탄 맛을 조절한 맞춤 커피를 내놓는다. 커다란 창밖으로 보이는 동네의 풍경이 정답다.

포인트오렌지
a_ 경기 평택시 비전9길 53
t_ 0507-1414-4850
i_ pointorange_coffe

와일드그라스
a_ 경기 평택시 평택3로 89
t_ 0507-1413-5655
i_ wildgrass.coffee

SCENE 4

128–160

국내 커피 시장은 2000년대 이전 믹스커피에서 테이크아웃 커피로 열풍이 이어졌고, 팬데믹 이후 홈 카페 문화가 자리 잡았다. 커피 마시는 방식이 다양해지며 최근에는 에스프레소를 즐기는 사람이 많아졌다. 전 세계적으로 커피 수요가 늘면서 커피의 지속 가능성에 대한 고민도 깊어지고 있다.

column

다이내믹한 한국의 커피 문화

Writer 윤상진 일리카페 코리아 마케팅 & 이커머스 본부장

해외에 한국을 소개를 할 때 가장 많이 쓰는 표현 중 하나가 '다이내믹(Dynamic)'이라는 단어일 것이다. 이러한 한국의 역동성은 유행이나 문화적인 관점뿐 아니라, 삶의 방식과 가치관을 포함한 근본적인 부분까지 빠르고 또 다양하게 변화를 이끌어내며 한국만의 특유한 문화를 만들어가고 있다. 커피를 마시고 즐기는 문화 또한 예외는 아닌 것 같다.

믹스커피 지고, 원두커피 뜨고

조사에 따르면 2017년 기준 한국 커피 시장의 규모는 11조7000억 원. 원두커피 산업은 7조9000억 원으로 1인당 연평균 512잔의 커피를 마시는 것으로 나타났다.

사실 2000년대 전까지만 해도 한국의 커피 소비는 커피 원액을 동결 건조시킨 가루 커피, 일명 다방 커피 문화가 대부분을 차지하고 있었다. 이후 에스프레소에 물을 더해 마시는 일명 미국식 아메리카노가 한국인의 입맛을 사로잡으며 열풍을 일으켰고, 이러한 열풍은 대한민국을 카페 공화국으로 탈바꿈시키는 기폭제 역할을 했다. 약 300여 개에 달하는 커피 프랜차이즈 브랜드가 탄생했고 수많은 바리스타를 배출하면서 단숨에 커피 선진국 반열에 올랐다. 2018년 유로모니터 인터내셔널의 발표에 따르면, 한국의 카페 시장 규모는 43억 달러로 미국과 중국에 이어 세계 3위를 기록했다. 조사 시기와 추세를 감안하면 2022년 현재 이보다 더욱 성장했을 것으로 예상한다.

코로나19로 급성장한 홈 카페 시장

한국의 커피 전문점(카페) 열풍만큼이나 다이내믹한 변화가 일어나고 있는 분야는 홈 카페 문화다. 원두를 갈아서 추출한 에스프레소로 만든 아메리카노는 한국인의 커피 소비 수준을 한 단계 높였으며, 카페가 아닌 집에서 직접 즐기고자 하는 욕구에서 출발한 이러한 트렌드는 2019년 전 세계에 불어닥친 코로나19의 영향으로 매년 20% 이상 큰 폭의 성장을 기록 중이다. 홈 카페 문화는 약 2000억 원 이상의 시장을 만들어내며 한국인의 커피를 즐기는 방식을 바꾸고 있다.

최근에는 홈 인테리어와 고급 에스프레소에 대한 관심이 높아지면서 네스프레소에 이어 일리 캡슐 커피머신이 큰 인기를 끌고 있다. 여기에 많은 커피 브랜드가 자체 개발한 커피머신을 비롯해 기존 네스프레소 커피머신과 호환이 가능한 캡슐을 내놓으면서 다이내믹한 시장의 변화를 리드하고 있다.

쌓는 즐거움 에스프레소 바 열풍

마지막으로 최근 한국의 커피 시장을 다이내믹하게 변화시키고 있는 분야는 에스프레소 바(Bar) 문화다. 점차 커피의 고급화와 마시는 방법의 다양화를 찾는 사람이 많아지면서 MZ세대를 중심으로 자연스럽게 에스프레소를 즐기는 이들이 늘고 있다.

특히 에스프레소 종주국인 이탈리아의 전통 에스프레소 바가 소셜미디어에서 큰 유행을 타면서 변화를 이끌었다. 최근 모 포털의 연관 검색어만 보더라도 에스프레소 바의 관심도가 급격하게 상승한 것을 알 수 있다.

에스프레소는 고온의 증기와 압력을 활용해 커피 내부에 있는 수많은 향을 추출한 원액으로, 대부분의 유럽 사람들은 에스프레소 자체를 커피로 인식한다.

최근 들어서는 MZ세대가 많이 찾는 전국의 힙 플레이스를 중심으로 에스프레소 바가 유행처럼 번지고 있다. 업계에서는 에스프레소 바 자체를 프랜차이즈 형태로 확장할 움직임도 일고 있어 귀추가 주목된다.

한국의 역동성과 문화적 새로움에 대한 수용, 우리 것으로 발전시켜나가는 능력은 세계 최고이지 않을까 싶다. 커피를 마시는 문화적인 면에서도 앞으로 얼마나 많은 다이내믹한 현상이 나타날지 기대가 된다.

각국 커피숍 시장 규모 (단위 달러)

국가	2007년	2018년(예상)
미국	147억	261억
중국	3억	51억
한국	6억	43억
일본	32억	40억
영국	15억	33억
호주	11억	18억
캐나다	13억	17억
이스라엘	6억	11억
베트남	12억	10억
독일	5억	9억

* 스타벅스 등 커피숍의 매출액 기준이며 캡슐 원두 및 믹스커피 등 커피 제품 시장은 제외

각국 원두 및 믹스커피 제품 시장 (단위 달러)

국가	2007년	2018년(예상)
미국	74억	140억
브라질	19억	67억
독일	42억	60억
일본	37억	44억
프랑스	26억	43억
인도네시아	6억	30억
러시아	10억	29억
이탈리아	15억	25억
영국	12억	23억
한국	11억	19억

자료 유로모니터 인터내셔널

column

내일도
커피를 마시고 싶은
우리에게

Editor 김보라

전 세계 대부분의 도시에서 누구나 매일 쉽게 손에 쥘 수 있는 커피 한 잔. 우리는 이 한 잔의 커피가 수만 km 떨어진 땅에 사는 농부의 땀에서 시작됐다는 사실을 쉽게 잊곤 한다. 커피는 세계에서 가장 많이 거래되는 농산물이자, 그 수요가 매년 증가하고 있는 독특한 상품이다.

커피를 사랑하는 사람들에게 커피 수요가 점점 늘고 있다는 건 그리 좋은 뉴스가 아니다. 월드커피리서치(WCR)는 2050년에 이르면 세계의 커피 소비량이 지금의 두 배에 이를 것으로 전망한다. 하지만 커피의 본질은 농산물이다. 그러니 기후변화에 민감할 수밖에 없다. 생산자들의 노동환경과 경제적 이익도 중요하다. 그래야 더 체계적이고 효율적으로 커피 산업을 이끌 수 있기 때문이다. 무엇보다 지구가 심각한 기후변화를 겪고 있다는 사실은 곧 '좋은 커피'를 만나기 어려워질 수 있다는 얘기기도 하다. 실제로 인간의 힘으론 어쩔 수 없는 일들이 커피 생산국에서 매일같이 벌어지고 있다.

기후변화로 커피 생산량 감소
지구를 가로로 반 갈랐을 때 적도 부근엔 '커피 벨트'가 있다. 커피의 주요 생산국들이 몰려 있는 땅이다. 수백 년에 걸쳐 세계인의 음료가 됐지만 사실 커피를 재배할 수 있는 땅은 한정적이다. 30년 뒤엔 지구온난화로 인해 커피를 경작할 수 있는 토지가 지금의 절반 이하로 줄어들 것이라는 전망도 있다.

위기의 징조는 지금도 많다. 코로나19 팬데믹의 영향도 있었지만, 지난해 아라비카 커피 생산량은 8800만 포대로 전년(1억210만 포대)보다 16%나 감소했다. 세계 최대 커피 생산국인 브라질은 심각한 가뭄이 닥쳐 올해 생두 가격을 또 인상할 계획을 세웠다. 호주기후연구소는 2080년엔 야생 커피까지 모두 멸종할 수 있다고 경고했다.

"기온이 오르면 강우량과 일조량이 격변하고, 이러한 요소들은 다시 커피의 수확 시기를 불안하게 만들어 생산량은 줄어든다. 더불어 병충해 급증으로 인해 커피나무들이 살 수 있는 지역이 기온이 낮은 산 위쪽으로 밀려 올라가면서 재배면적의 감소에 가속도가 붙는다."

커피 산업의 지속 가능성을 여러 국가가 함께 진지하게 고민하기 시작한 건 불과 10년 전쯤부터다. 이전에도 공정무역과 농장 직거래 방식으로 커피 농장의 환경과 농민의 수익 개선에 나선 일은 많았지만 커피 품종 자체에 대한 연구와 투자가 본격적으로 이뤄진 건 2012년부터다. 그런데 여기서 질문이 생긴다. 병충해와 기후변화에 강한 품종을 만들면 커피를 계속 마실 수 있을까? 기후변화의 속도를 늦추면 커피를 지킬 수 있는 걸까? 커피의 지속 가능성을 확보하는 건 생각보다 복잡한 일이다.

미래 품종 'F1 하이브리드' 개발

인류에게 커피를 계속 마시게 하려는 노력은 '품종'에서 시작된다. 병충해에 강하면서 품질도 뛰어난 미래 품종 'F1 하이브리드'의 개발이 대표적이다. 더 이상 자연 교배에 의지할 수 없어 인위적 교배를 통해 나온 교배종이 F1 하이브리드다.

프랑스의 연구소와 코스타리카 커피 유전자은행의 컨소시엄이 만든 '센트로아메리카노(Centroamericano)'는 커피 녹병에 강해 중앙아메리카의 표준 품종보다 생산량이 47% 높았다. 스타마야는 씨앗으로 번식에 성공한 최초의 F1 교배종. 카티모르와 에티오피아 토착종의 교배로 나온 에발루나를 포함해 밀레니오, 문도마야, 나야리타, 카시오페아 등 신품종들이 속속 등장하고 있다. 이들 신품종은 모두 7세대까지 형질이 유지된 것으로만 이름을 부여받았다.

먼 옛날 잊혔던 품종이 다시 주목받는 경우도 있다. 19세기에 발견된 스테노필라 커피는 맛과 풍미가 뛰어나지만 열매 맺는 시간이 아라비카보다 두 배 정도 길어 시장에서 사라진 종이다. 이 품종이 자라는 연평균 기온은 아라비카보다 6.8°C 높아 기후 위기에도 잠정적인 대안이 될 수 있을 것으로 꼽힌다.

커피콩 없이 만드는 커피도 등장했다. 핀란드에선 커피잎 세포를 증식해 커피를 만드는 '배양 커피'를 개발 중이다. 커피 생두의 성분을 분석해 이들 성분을 식물 폐기물 등에서 뽑아 커피

콩과 비슷한 고체를 만들어내는 '분자 커피'도 미국에서 연구되고 있다.

대안으로 떠오르는 '발효 커피' 시장

품종을 개량하지 않고 가공 방법으로 커피의 지속 가능성을 고민하는 영역도 있다. 맥주나 와인처럼 커피를 발효하는 '발효 커피' 시장이 그렇다. 수확한 커피 체리를 일정 기간 산소가 차단된 공간에 두어 발효를 하는데, 이 과정에 효모나 이산화탄소가 들어가 기존 커피 맛과 다른 새로운 향과 맛을 낸다.

치밀하게 발효 과정을 통제해 1년 내내 같은 맛의 커피를 즐길 수 있게 하는 것, 농장에 새로운 부가가치를 내고 농부들이 안정적으로 커피 수확에 집중할 수 있게 하는 것이 발효 커피가 지속 가능성을 담보하는 방식이다.

커피업계와 연구진이 수많은 대안을 마련하고 있지만 사실 가장 중요한 건 커피를 즐기는 사람들의 태도다. 무심코 마시는 커피 한 잔이 어디서 왔는지, 어떤 과정을 거쳐왔는지에 대한 관심이 그 시작일 것이다.

이 커피 한 잔에 담긴 커피는 어디에서 어떻게 생산됐는지, 농민들에게 공정한 대가가 이뤄지는 과정은 어땠는지에 대한 소비자의 작은 관심이 커피 산업의 거대한 변화를 이끌 수 있다. 만약 당신이 앞으로도 커피를 계속 마시고 싶다면 말이다.

recipe

이탈리아 커피를 집에서 만나는 시간

커피의 정수 에스프레소가 주목을 받으면서 '에스프레소 바'라는 이름에
이탈리아식 커피도 함께 눈길을 끌고 있다. 그러나 커피의 기본이 되는 에스프레소 메뉴는
괜찮은 머신, 좋은 커피만 있다면 굳이 밖에 나가지 않아도 집에서 충분히 즐길 수 있다.
더욱이 하나하나 새로운 메뉴를 직접 만들어 마실 수 있다는 것도 큰 재미다.
커피의 본토 이탈리아 방식으로 집에서 나만의 이탈리아 커피 여행을 누려보자.

Editor 손유미 **Photographer** 최모레

ⓞ1 카포 트리에스티노

Capo Triestino

에스프레소 (Espresso)

모든 커피의 기본. 뜨거운 물과 높은 압력으로 추출하는 커피로, 25ml의 커피에서 1000가지 이상의 풍부한 아로마와 묵직한 보디감을 느낄 수 있다.

[만드는 법]

1 — 에스프레소잔에 뜨거운 물을 50% 이상 담아 30초 이상 잔을 예열한다.
2 — 예열한 뜨거운 물을 버리고 잔의 물기를 깨끗이 닦는다.
3 — 예열된 잔에 에스프레소 25ml를 추출한다.

에스프레소에 소량의 스팀 밀크를 첨가한 것으로 에스프레소를 흔히 마시는 이탈리아에선 일반적인 메뉴다. 에스프레소 마키아토라고도 한다. '마키아토(Macchiato)'는 이탈리아어로 '얼룩지다', '점찍다'라는 뜻인데, 에스프레소가 추출될 때 나오는 크레마가 우유 거품에 얼룩진 모양에서 이 같은 이름이 붙었다. 부드러운 우유와 진한 에스프레소의 풍미를 느낄 수 있다.

[재료]

에스프레소, 우유

[만드는 법]

1 — 60cc 잔에 에스프레소 1샷(25ml)을 추출한다.
2 — 스팀 피처에 우유를 100ml 담아 거품을 내며 따뜻하게 데워, 에스프레소가 담긴 컵에 스팀 밀크를 천천히 가득 붓는다.

Recipe

⑫ 에스프레소 콘판나

Espresso Con Panna

에스프레소에 부드러운 생크림을 올려 먹는 음료로, 진한 커피의 풍미와 차갑고 부드러운 크림의 조화로움을 느낄 수 있다.
이탈리아어로 'con'은 '~와 함께'이며, 'panna'는 크림을 뜻한다.

[재료]

에스프레소, 휘핑크림

[만드는 법]

1 — 에스프레소잔에 뜨거운 물을 50% 이상 담아 30초 이상 잔을 예열한다.

2 — 뜨거운 물을 버리고 잔의 물기를 깨끗이 닦는다.

3 — 예열된 잔에 에스프레소 1샷(25ml)을 추출한다.

4 — 에스프레소 위에 기호에 맞는 크림을 10~15ml 올린다.
　　　TIP. 스프레이 타입의 휘핑크림 또는 직접 만든 휘핑크림을 사용하면 된다. 기호에 따라 크림에 설탕이나 시럽을 추가하면 단맛을 즐길 수 있다.

5 — 에스프레소와 크림은 섞지 않고 함께 마신다.

--- Recipe ---

03
카푸치노

cappuccino

에스프레소에 풍성한 거품의 스팀 밀크를 첨가한 커피다.
부드러운 우유 거품 질감과 진한 에스프레소의 풍미를 느낄 수 있다.

[재료]

에스프레소, 우유

[만드는 법]

1 — 카푸치노잔에 뜨거운 물을 50% 이상 담아 30초 이상 잔을 예열한다.
2 — 뜨거운 물을 버리고 잔의 물기를 깨끗이 닦는다.
3 — 예열된 잔에 에스프레소 1샷(25ml)을 추출한다.
4 — 스팀 피처에 우유를 150ml 담아 거품을 내며 따뜻하게 데운다.
5 — 에스프레소가 담긴 컵에 스팀 밀크를 천천히 가득 부어준다.

Recipe

④ 마로치노

Marocchino

에스프레소에 초콜릿, 스팀 밀크를 첨가한 음료로, 달콤하면서도 진한 커피의 풍미를 느낄 수 있다.

[재료]

에스프레소, 우유, 핫초코(초코 소스 또는 녹인 초콜릿)

[만드는 법]

1 — 60cc 잔에 핫초코 10~15ml를 담는다.

2 — 핫초코가 담긴 잔에 에스프레소 1샷(25ml)을 추출한다.

3 — 스팀 피처에 우유 20ml를 담아 거품을 내며 따뜻하게 데운 다음, 핫초코와 에스프레소가 담긴 컵에 천천히 가득 부어준다.

4 — 취향에 따라 초코 파우더를 음료 위에 뿌린다.

05
라테 마키아토 말차

Latte Macchiato Matcha

에스프레소에 말차 파우더, 스팀 밀크를 첨가한 음료로, 향긋하고 쌉싸름한 말차 파우더와 고소한 커피의 향미를 느낄 수 있다.

[재료]

에스프레소, 우유, 말차 파우더

[만드는 법]

1 — 컵에 에스프레소 2샷(25ml*2)을 추출한다.
2 — 스팀 피처에 우유 250ml와 말차 파우더 2~4g을 넣고 스푼으로 가볍게 저은 후 우유를 데운다.
3 — 300cc 잔에 90%까지 스팀 말차 우유를 붓는다.
4 — 컵에 담긴 말차 우유 위에 천천히 에스프레소를 붓는다.
5 — 스푼으로 잘 저어 마신다.

Recipe

06 아이스 코코넛 카페라테

Iced Coconut Caffé Latte

에스프레소에 코코넛 시럽, 우유가 첨가된 음료로, 달콤한 코코넛의 풍미와 고소함을 함께 느낄 수 있다.

〔재료〕

에스프레소, 우유, 코코넛 시럽, 얼음

〔만드는 법〕

1 — 300cc 잔에 얼음을 3/4만큼 채운 뒤, 코코넛 시럽을 취향에 따라 20~30ml 넣는다.
2 — 우유 150ml를 붓는다.
3 — 별도의 컵에 추출한 에스프레소 2샷(25ml*2)을 넣은 후 잘 저어 마신다.

Recipe

07
아이스 오트 카페라테

Iced Oat Caffé Latte

에스프레소에 오트 우유를 첨가한 음료로, 오트 우유의 고소함과 은은한 단맛이 함께 어우러진 커피의 풍미를 느낄 수 있다.

[재료]

에스프레소, 오트 우유, 얼음

[만드는 법]

1 — 300cc 잔에 얼음을 컵의 3/4만큼 채운다.
2 — 오트 우유 150ml를 넣는다.
3 — 별도의 컵에 추출한 에스프레소 2샷(25ml*2)을 부은 후 잘 저어 마신다.

— Recipe —

08
아포가토

Affogato

부드럽고 시원한 아이스크림과 에스프레소를 함께 먹는 음료로, 풍부한 커피 맛은 물론 디저트처럼 달콤하게 즐길 수 있다.

(재료)

에스프레소, 아이스크림(바닐라 맛 또는 우유 맛)

(만드는 법)

1 — 준비된 컵에 아이스크림 1스쿠프를 넣는다.
2 — 별도의 컵에 에스프레소 1샷(25ml)을 추출한 후, 아이스크림 위에 에스프레소를 천천히 붓는다.
3 — 스푼으로 에스프레소와 아이스크림을 함께 떠서 먹는다.

— Recipe —

09 에스프레소 진토닉

Espresso Gin Tonic

진토닉에 에스프레소를 첨가한 음료로, 풍부한 에스프레소와 직토닉의 향, 함께 올린 가니시까지 느낄 수 있는 커피 칵테일의 일종이다.

[재료]
에스프레소, 진, 토닉워터

[만드는 법]
1 — 300cc 잔에 얼음을 3/4만큼 채운 뒤, 진 30ml를 넣는다
2 — 토닉워터를 취향에 따라 90~120ml 붓는다.
3 — 에스프레소 1샷(25ml)을 추가한다.
4 — 기호에 맞는 가니시를 추가해 향을 더한다. 시나몬, 로즈메리, 레몬 등을 넣으면 향이 풍부해진다.

Tip. 시나몬 스틱은 한쪽 끝부분에 열을 가해 그을린 후, 토치 한 부분이 수면 위로 올라오게끔 담으면 시나몬 향을 맡으며 음료를 음미할 수 있다.

— Recipe —

⑩ 아이리시 커피

Irish Coffee

에스프레소에 위스키와 크림을 첨가한 커피 칵테일이다. 위스키가 들어가지만 달콤함을 느낄 수 있는 휘핑크림과 흑설탕이 부재료로 들어가 목 넘김 후 달콤함이 남는다.

[재료]

에스프레소, 아이리시 위스키, 휘핑크림, 흑설탕

[만드는 법]

1 — 150cc 잔에 아이리시 위스키 40ml를 준비한다.

2 — 흑설탕 5g을 넣은 뒤 스팀 완드로 따뜻하게 데우거나 스푼을 이용해 설탕을 녹인다.

3 — 위스키가 담긴 컵에 에스프레소 2샷(25ml*2)을 넣는다.

4 — 휘핑크림 40ml를 올린다. 기호에 따라 크림에 설탕이나 시럽을 추가할 수 있다.

Tip. 초콜릿 파우더와 커피콩을 데커레이션해 마무리하되, 크림과 커피는 섞지 않고 마셔야 좋다.

— Recipe —

index

커피 용어 사전

ㄱ

게이샤(Geisha) 에티오피아가 원산지인 아라비카 품종 중 하나로 코스타리카를 거쳐 파나마에서 번성했다. 플로럴 계열의 화려한 향미가 특징.

ㄷ

다크 로스팅(Dark Roasting) 강배전이라고도 하며 2차 크랙이 지난 시점. 쓴맛과 보디감이 강하며 생두 고유의 향미는 거의 남지 않는다. 프렌치 로스팅, 이탤리언 로스팅이 여기에 해당한다.

ㄹ

로스터(Roaster) 로스팅을 전문으로 하는 사람이나 로스팅 기계를 일컫는다.

로스터리(Roastery) 매장에서 직접 로스팅한 원두를 판매하는 숍이나 카페를 말한다.

로스팅(Roasting) 생두에 열을 가해 다양한 맛과 향을 끌어내는 작업. 로스팅 결과는 원두의 색깔과 로스팅 시간에 의해 결정된다.

롱블랙(Long Black) 아메리카노를 뜻하는 호주식 표현. 아메리카노에 비해 에스프레소 비율이 높아 맛이 진하다. 뜨거운 물에 에스프레소를 넣어 크레마가 살아 있다.

리치(Rich) 향미를 평가하는 용어. 커피에서 풍부한 향이 느껴지는 것을 뜻한다.

ㅁ

마이크로로스터리(Microroastery) 중소형 로스팅 회사를 뜻한다. 커피 향미의 개성이 강하고 독립적으로 운영되는 특징이 있다.

미디엄 로스팅(Medium Roasting) 생두를 1차 크랙이 끝날 때까지 로스팅하는 것. 커피 고유의 산미를 느끼기에 적절한 로스팅 단계다.

ㅂ

바(Bar) 압력을 나타내는 단위. 에스프레소 머신의 추출 압력은 약 9bar, 스팀 압력은 약 1.5bar를 유지해야 한다.

바리스타(Barista) 커피에 대한 깊은 지식과 이해를 바탕으로 고객의 취향과 기호에 맞는 커피를 만들어 제공하고 카페 매장을 관리·운영하는 사람.

밸런스(Balance) 커피 향미의 각 요소들이 서로 조화를 이루는지 평가하는 항목. 맛이나 향이 한쪽으로 치우치지 않는 것이 중요하며, 이때 단맛이 전체적인 균형을 잡는 역할을 한다.

보디 커피의 완결성, 점성, 밀도를 의미한다. 보디감이 풍부한 커피는 중량감이 느껴지고 진한 맛이 난다.

분쇄도 분쇄 원두의 입자 크기. 분쇄도는 크게 굵은 분쇄(Coarse Grind), 조금 굵은 분쇄(Medium Grind), 가는 분쇄(Fine Grind), 아주 가는 분쇄(Very Fine Grind)으로 분류할 수 있다.

브라질 세계 최대의 커피 생산국이자 수출국으로, 다른 나라들에 비해 비교적 낮은 고도의 대규모 농장에서 커피를 경작한다. 브라질 커피는 주로 에스프레소 베이스 블렌딩에 많이 사용된다.

브루잉(Brewing) 압력을 가하지 않고 순수하게 분쇄 원두와 물만으로 커피를 추출하는 방식. 여과식, 침출식, 달임식이 있다.

블렌딩(Blending) 산지와 가공 방식 등 각각의 특성을 지닌 생두를 두 가지 이상 혼합해 단점은 보완하고 강점은 부각하는 로스팅 방법. 커피 향미와 질감을 재구성해 로스터의 개성을 표현한다.

ㅅ

산미 커피에서 느껴지는 신맛의 품질과 강도를 평가하는 항목. 좋은 산미가 느껴질 때는 Bright, 좋지 않은 산미가 느껴질 때는 Sour라고 표현한다.

산화 커피의 오일 성분이 공기 중 산소와 반응해 변질되는 현상.

생두 로스팅하기 전의 커피를 일컫는다.

샷(Shot) 에스프레소의 용량을 나타내는 단위. 약 30ml, 1oz(온스)를 1샷이라고 한다.

숏블랙(Short Black) 에스프레소의 호주식 표현.

스몰 배치(Small Batch) 생두를 한 번에 소량만 로스팅해 품질을 높인 커피.

스페셜티 커피(Specialty Coffee) 미국스페셜티커피협회(SCAA)의 평가를 거쳐 기준 점수 80점 이상을 받은 우수한 등급의 커피. 커머셜 커피보다 품질과 향미가 뛰어나고 생산 및 유통 과정에서 산지와의 선순환을 중요시한다.

스페셜티커피협회(Specialty Coffee Association, SCA) 2017년 1월 미국스페셜티커피협회와 유럽스페셜티커피협회가 통합되어 새롭게 출범했다. 스페셜티 커피 산업의 발전과 전문가 양성에 힘쓰고 있다.

싱글 오리진(Single Origin) 단일 국가와 농장에서 재배된 단일 품종 커피를 의미한다.

ㅇ

아라비카 커피 원두 중 하나. 커피의 3대 원두로는 보통 아라비카(Arabica), 로부스타(Robusta), 리베리카(Liberica)를 꼽는다. 전 세계 커피 생산량의 60%를 차지한다.

에티오피아 아라비카커피(Arabica Coffee)의 원산지로 '커피의 고향'으로 알려졌으며, 아프리카 최대 커피 생산국이다. 로부스타에 비해 품질이 좋은 커피로 향미가 뛰어나다.

애프터테이스트(Aftertaste) 커피를 마시고 난 후 입안에 남은 향의 여운.

유기농 커피 농약이나 비료를 사용하지 않고 재배해 유기농 인증을 받은 커피.

ㅈ

정수 필터 물에 포함된 각종 이물질과 녹, 염소 등을 제거하는 장치. 주로 카본 활성탄으로 만든 흡착 방식의 필터를 사용한다.

ㅊ

체리 커피나무에서 나는 열매를 말한다. 녹색을 띠고 있으며 익으면 점점 붉은색으로 변한다.

추출 온도 커피 성분은 각기 다른 온도에서 추출되므로 추출 온도를 알맞게 조절해야 한다. 에스프레소 머신의 추출온도는 보통 90~95℃로 설정한다.

ㅋ

커피 체인 생산국에서 재배, 수확, 가공된 커피가 소비국으로 건너가 로스팅되고 추출된 후 최종 소비자에게 전달되기까지의 과정.

케냐 케냐의 고원지대에서 생산되는 케냐 커피는 높은 산도, 강렬한 풍미, 강한 단맛과 드라이한 와인의 뒷맛이 특징이다.

ㅌ

터키식 커피 터키식 커피 추출 기구인 이브릭(Ibrik)으로 만든 커피. 이브릭에 곱게 간 원두와 물을 넣고 끓인 다음 잔에 따라 커피 가루가 가라앉을 때까지 기다렸다가 마신다. 맛이 진하고 보디감이 풍부한 것이 특징.

ㅍ

푸어 오버 정확히 계산된 양의 물을 부어 커피를 추출하는 브루잉 방식. 타이머와 저울을 이용해 추출 시간과 용량을 측정함으로써 균일한 맛을 낸다.

ㅎ

핸드 드립(Hand Drip) 드리퍼에 필터를 넣고 분쇄 원두를 담은 후 물을 부어 커피를 내리는 방식.

우리가 사랑한 커피
Cafe In The City

초판 1쇄 발행 2022년 10월 7일

PUBLISHER
김정호 JUNGHO KIM
유근석 GEUNSEOG YU

EDITOR IN CHIEF
이선정 SUNJUNG LEE

MANAGING EDITOR
김보라 BORA KIM

CONTENT DIRECTOR
이진이 JINYI LEE

EDITOR
김은아 EUNA KIM
박소윤 SOYOON PARK
손유미 YUMI SON
강은영 EUNYOUNG KANG
윤제나 ZENA YOON

PHOTOGRAPHER
서범세 BUMSHE SEO
성종윤 JONGYOON SEONG
최모레 MORE CHOE

DESIGNER
윤범식 BUMSIK YOON
엄정윤 JUNGYOON EOM

SALES & DISTRIBUTION
정갑철 KAPCHUL JUNG
선상현 SANGHEON SUN
조종현 JONGHYUN CHO

PRODUCTION
한경TREND
서울시 중구 청파로 463 한국경제신문 6층
Tel 02-360-4859
Official Site www.hankyung.com

값 20,000원
ISBN 979-11-92522-22-7